Rudolf Weiland

Wandern in Nordhessen

50 ausgewählte Wanderungen
Aus der Serie: Wandern mit der HNA

Wartberg Verlag

Fotonachweis: Alle Fotos Rolf Wagner

1. Auflage 1995

Druck: Werbedruck GmbH Schreckhase, Spangenberg

34281 Gudensberg-Gleichen, Im Wiesental 1
Tel.: 05603/4451 und 2030
ISBN 3-86134-235-9

Liebe Wanderfreunde,

seit langem ist an die „Hessische/Niedersächsische Allgemeine“ von Seiten der Leserinnen und Leser die Bitte herangetragen worden, doch wieder einmal wenigstens einen Teil der seit 1976 wöchentlich erschienen Wandervorschläge in Heft- bzw. Buchform herauszugeben. Der Wartberg Verlag, Gudensberg-Gleichen hat sich nun dieser mühevollen Arbeit unterzogen.

Wir haben bei der Veröffentlichung einiges der Aktualität wegen umschreiben, die Fahrplanangaben auf den neuesten Stand bringen müssen. Das Ergebnis liegt Ihnen hier nun vor und wir hoffen, Sie sind damit zufrieden.

Die Wanderungen können übrigens mit Hilfe von Fahrplan oder Autokarte auf jeden Ausgangspunkt abgestimmt werden, sind also nicht nur ausschließlich für Kasseler Wanderfreunde bestimmt.

Der Dichter Friedrich Rückert hat einmal gesagt: „Dem Wandersmann gehört die Welt in allen ihren Weiten.“ Die Wahrheit dieses Wortes werden Sie zweifellos beim Nachwandern dieser 50 Routen erkennen. Die hier vorgeschlagenen Touren aber sollen Sie zugleich auch dazu anregen, selbst „Wander-Neuland“ zu entdecken.

Meinen langjährigen Mitwanderern, Willi, Rainer, Thomas und vor allem meiner Frau sei an dieser Stelle herzlich gedankt für ihre Treue und ihr Verständnis.

Verlag und Autor wünschen Ihnen für Ihre Wanderungen:
Allerwege gutes Wetter, keine Blasen an den Füßen und vor allem viel Freude an den Schönheiten Ihrer Heimat.
Mit freundlichem Wandergruß

Ihr Rudolf Weiland

Inhalt

St. = Streckenwanderung
R. = Rundwanderung

Übersichtskarte

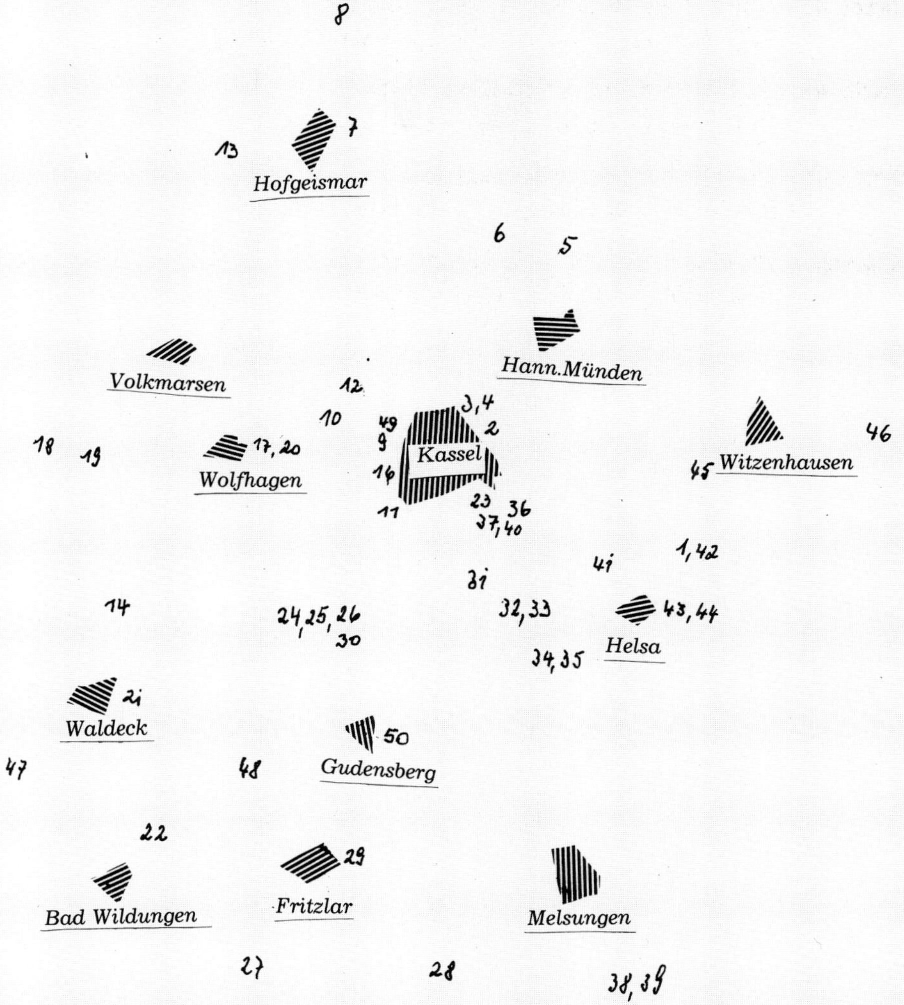

Die Zahlen verweisen auf die jeweilige Route.

Route 1: Streckenwanderung

Tour über den Großen Steinberg

Wir wanderten durch den Kaufunger Wald im Vorfrühling und hatten an der Natur schon viel Freude. Um wieviel größer muß sie sein, wenn der Frühling "in voller Blüte steht".

Wegbeschreibung

In Uschlag wandern wir erst einmal auf der Kasseler Straße Richtung Nieste, biegen dann in die Straße "Neustadt" ein, steigen bergan, wenden uns oben dann nach links und marschieren - immer dem N nach - durch die Felder - Bänke - auf asphaltiertem Weg, der später geschottert ist. Bald dann müssen wir - 1. Fahrweg nach rechts - ins Tal hinab. Von der Brücke nach links durchs Wiesental langsam bergan, bleiben im Tal bis zum Ende, wo wir nun nach links bergan durch das Dorf Nienhagen, an der Kirche vorbei bis fast zum Ortsende gehen. Hier vertrauen wir uns der nach rechts abgehenden Steinbergstraße an, die uns oberhalb des Ingelheimtales an einem Parkplatz vorbei zum Wald und der Nienhagener Hütte (erbaut 1976) führt. Wir bleiben auf dem Weg, wandern geradeaus, umgehen eine Schranke, queren eine Asphaltstraße, schwenken bald darauf nach

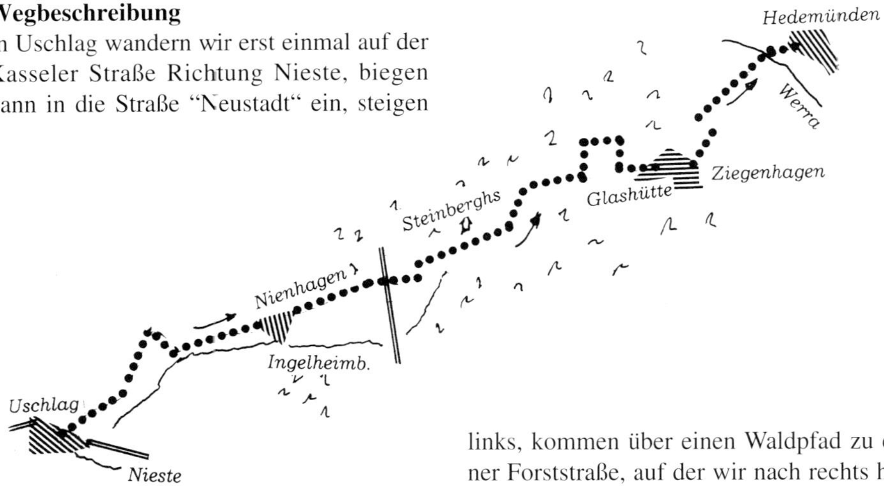

links, kommen über einen Waldpfad zu einer Forststraße, auf der wir nach rechts hin das Naturfreundehaus "Steinberghaus" ansteuern. Nach einer guten Rast leitet uns unser N am Naturfreundehaus-Parkplatz vorbei zu einer querlaufenden Forststraße, die wir überschreiten. Über einen Waldpfad erreichen wir eine Forststraße. Hier müssen wir nach links - an der Ecke ein Denkmal für den Förster Burhenne. Nun geht´s immer bergab, im Tal nach rechts, gleich darauf nach links über den Bach und bald sind wir dann auch schon im OT Glashütte, den wir - N weiß - durchwandern. Am Anfang von Ziegenhagen weist unsere Markierung uns den Weg nach links in den Oberröder Weg bergan zum Wald. Wir wandern um den Gebrannter Kopf herum, folgen scharf rechts einem schmalen Pfad am Zaun entlang dem N, finden dann bald schon rechts einen Sportplatz und kommen schließlich über Serpentinen hinab zur Werrabrücke, die wir überschreiten und durch Hedemünden zum dortigen Bahnhof marschieren.

Wissenswertes:

Uschlag: 1019 Uslat genannt als Kaiser Heinrich II. den Ort u.a. dem Kloster Kaufungen schenkte. 1247 wird der Ort welfisch. Ortsadel - v. Uschlag - erscheint im 13. Jh. Kirche - mittelalterlicher Turm mit Fachwerkobergeschoß und Glockenhaube; renoviert 1969-70, sechs Altarbilder 1646, Taufstein 1612. Im Ort Fachwerkhäuser mit Haussprüchen.

Nienhagen: Wohl um 1200 entstanden. Früher gab es hier mehrere Töpfereien. Kirche - neugotischer Sandsteinquaderbau aus 1869; Taufstein aus alter Kapelle bez. 1599 mit Ritzzeichnungen.

Naturfreundehaus Steinberg: "Steinberghaus" genannt. 1923 von der Kasseler Ortsgruppe des Touristenvereins Naturfreunde errichtet. In schöner Lage mitten im Wald (Übernachtungsmöglichkeiten).

Glashütte: Im Tal des Steinbachs gelegen. Um 1780 in der Nachfolge der Wanderglashütten des Kaufunger Waldes entstanden. V. Buttlarsche Glashütte 1897 nach Immenhausen verlegt.

Ziegenhagen: 1357 "in deme Czygenhaine" genannt, 1436 landgräfliches Gericht, 1747 Gericht der v. Buttlar. Kirche - Erbauungsjahr unbekannt. 1606 erweitert, Orgel 1840; Pfarrhaus wohl 1687. Burg - 1101 de Zygenberch genannt. Wohl Anfang 12. Jh. erbaut, nach Aussterben der Herren von Ziegenhagen (14. Jh) an Hessen, seit 1494 Lehen der Herren v. Buttlar. Im 17. Jh. verfallen. In Ziegenhagen der Freizeitpark Z., geöffnet tgl. März-Oktober.

Hedemünden: An alter Werrafurt gelegen. Karl d. Gr. wird die Gründung einer villa mit curtis (Pfalz) Hademinni = Streitwaser zugeschrieben. 1017 schenkt Heinrich II. den Hof dem Kaufunger Kloster. 1355 Verkauf an Herzog Ernst von Braunschweig-Göttingen. 1500 Verpfändung an Hessen. 1588 lutherisch. Schwere Schäden im 30 j. Krieg. 1895 Bau der Werrabrücke. Seit wann Stadtrechte ist unbekannt, die wurden jedenfalls 1930 aufgegeben. Kirche - von dem 1210 begonnenen Bau der Kern des Westturms erhalten, 1728 restauriert.

Tips vom Start bis zum Ziel

Ausgangsort: Uschlag.
Anfahrt: Mit dem Bus, Kursbuch Nr. 5211.
Rückfahrt: Ab Hedemünden mit der DB, Kursbuch Nr. 600.
Parkmöglichkeiten: Entfällt, da Streckenwanderung.
Streckenlänge: ca. 19 km.
Markierungen: Durchgehend N weiß.
Einkehrmöglichkeiten: Uschlag, Nienhagen, Naturfreundehaus "Steinberg", Glashütte, Hedemünden.

Anmerkungen: Gutes Schuhzeug ist obligatorisch. Da das Naturfreundehaus etwa auf der Hälfte der Wanderung liegt, wird man wohl dort einkehren. Gute, deftige Wandererkost!
Empfehlenswert die "Topographische Freizeitkarte 1: 50.000 - Meißner-Kaufunger Wald", Preis 12,80 DM, erhältlich im Buchhandel und im Naturfreundehaus.

Route 2: Streckenwanderung

Durchs Fuldatal

Ja, diesmal ist unsere Wanderung etwas länger als sonst. Sicher fallen die ersten Schritte ein bißchen schwer. Doch seien Sie getrost, das gibt sich! Spätestens an der Märchenmühle wird der Schritt leichter und wenn Sie schließlich in Wolfsanger angelangt sind, haben Sie sicher wieder guten Appetit.

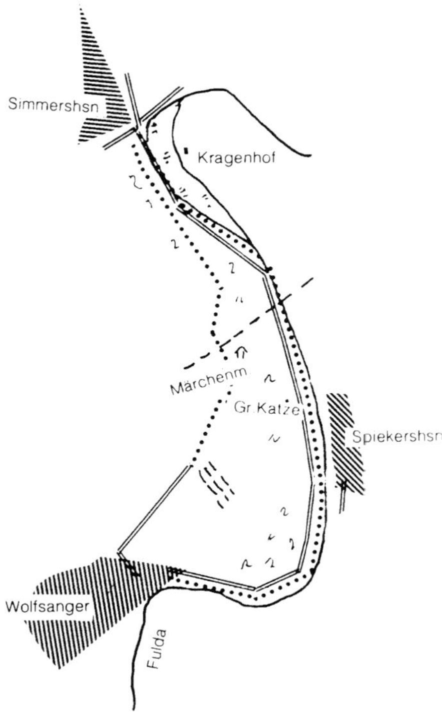

Wegbeschreibung:
Von der Bushaltestelle „Auf der Hasenhekke" gehen wir ein paar Schritte zurück zur Straße, die von Wolfsanger heraufführt und biegen nach rechts ein. Hier finden wir an einem Verkehrsschild rechts unser X. Nun geht's geradeaus Richtung Hochspannung - wunderschöner Blick nach links über Ihringshausen ins weite Land -, unter der Brükke durch und schließlich in den Wald hinein.
Bei der Märchenmühle sollten wir dann aber doch eine kleine Rast einlegen. Dann geht's zur Bahnunterführung und hinab ins Schokketal. Hier queren wir zum ehemaligen Schleusenhaus die Landstraße und wandern auf dem Rad- und Fußweg am See entlang, dann unter der Kragenhöfer Brücke durch - links auf der anderen Fuldaseite kommt Spiekershausen in Sicht - am Roten Kater und der Grauen Katze vorbei bis nach Wolfsanger, wo sich die Endstation der Straßenbahn-Linie Nr. 6 befindet, deren Wagen uns wieder zurück in die Stadt bringt.

Wissenswertes:
Wolfsanger: 811 villa Vulvisanger genannt; alter Grenzort zwischen Chatten und Sachsen, in karolingischer Zeit bedeutende Siedlung. Der sächsische Edle Amelung nahm hier vorübergehend seinen Sitz, nachdem er als Anhänger Karls d.Gr. (Christ) sein Land verlassen mußte. Der Ort ist älter als Kassel (Ersterwähnung 913). Nur dadurch, daß Kaiser Heinrich II. 1019 die Johanniskirche zu Wolfsanger dem um 1017 von seiner Gemahlin Kunigunde an Stelle der zwischen 1008 und 1011 erbauten Kaiserpfalz gegründeten Benediktinerinnenstift schenkte, konnte sich Wolfsanger nicht weiterentwickeln. Wäre das nicht passiert, wer weiß, was dann aus Chassalla und villa Vulvisanger geworden wäre?!
Die heutige Kirche stammt aus den Jahren 1725-26, ein Saalbau mit eingestelltem West-

turm und schräg eingezogenem, halbrunden Chor von Giovanni Ghezzy. Durch Bomben Anfang Oktober 1943 brannte sie aus, wurde 1953/54 wiederaufgebaut. Bei diesem Bombenangriff wurde auch ein großer Teil des seit 1936 zu Kassel eingemeindeten Vororts zerstört. Übrigens nannte sich Wolfsanger auch einmal „Bad“. Das war, nachdem 1841 dort eine Kaltwasserheilanstalt eingerichtet worden war.

Hasenhecke: Ehemalige alte Hute mit Eichen besetzt. In den 30er Jahren entstanden hier Kasernen, die nach dem 2. Weltkrieg zu Wohnungen umgebaut wurden.

Märchenmühle: Ausflugsort am Entenbach (auch Grubenbach oder Guten-Morgen-Bach). 1928, während der großen Arbeitslosigkeit, entstanden hier Modellmühlen u.a. Nach 1945 erneuert und nach Beendigung der Arbeiten für die neue Bahnstrecke 1990 wieder der Öffentlichkeit übergeben (Hütte, Spielplatz).

Simmershausen: 1074 Simareshusun; 1497 wird hier eine Burg genannt; an der Haufe gelegen, im Oberlauf Aspe und Espe bezeichnet. Kirche - 1756, Saalbau, durch Verbreiterung einer gotischen, bereits im 16. Jh. östlich verlängerten Kirche entstanden, gotisches Westportal, westlicher Haubendachreiter, spätgotischer Taufstein mit Blendmaßwerk; um ehem. Kirchhof Reste der gotischen Wehrmauer.

Kragenhof: Gutshof an einer ehem. Fuldaschleife - heute zum See aufgestaut; 1172 Cragen genannt, im Mittelalter dem Kloster Ahneberg in Kassel gehörig, nach der Reformation landgräflich, seit Anfang 19. Jh. Privatbesitz, 1900 der Stadt Kassel geschenkt.

Kragenhöfer Brücke: 33 m hoch.

Spiekershausen: 1319 Spykershusen (Spieke = Steg über einen Fluß), alte Fuldafurt, Fähre seit 1356; um 1800 und später Hauptschmuggelnest zwischen Hessen und Königreich Hannover; Hessen baute auf seiner Uferseite ein Wachhaus, um den Schmuggel über die Fulda zu unterbinden (heute: „Graue Katze“). Kirche - Kern von 1319, heutige Form von 1520 und später, Mansarddach mit Fachwerkgiebel und verschiefertem Dachreiter, Taufstein 1593.

Graue Katze: Früher Zoll-Wachthaus an der hessisch-hannoverschen Grenze, ursprünglich Friedrichsthal genannt. Der Name ist der Spottname der alten grauhaarigen Wirtin des Gasthauses, das hier 1860 aus dem Zollhaus entstand.

Tips vom Start bis zum Ziel

Ausgangsort: Hasenhecke.

Anfahrt: Bus der KVG, Linie 26, ab Weserspitze.

Rückfahrt: Straßenbahn Linie 6 ab Endstation Wolfsanger.

Streckenlänge: Ca. 15 km.

Markierungen: Bis Simmershausen X 3.

Parkmöglichkeiten: In Wolfsanger oder Hasenhecke. Auf jeden Fall muß man bis zum Wagen dann nochmals ca. 3 km dazurechnen.

Einkehrmöglichkeiten: Wolfsanger, Simmershausen, Graue Katze, Roter Kater.

Anmerkungen: Lassen Sie am besten Ihr „automobiles Gefährt“ daheim stehen und folgen Sie dem Rat: Die Wanderung planen mit Bussen und Bahnen!

Route 3: Streckenwanderung

Über die Termenei

Simmershausen, ein OT von Fuldatal, ist mit „Bussen und Bahnen“ bestens zu erreichen. Und die Markierung ist wieder vorzüglich und wahrlich nicht zu verfehlen. Welchen Weg auch immer Sie gehen, Sie werden diese Wanderung bestimmt nicht bereuen.

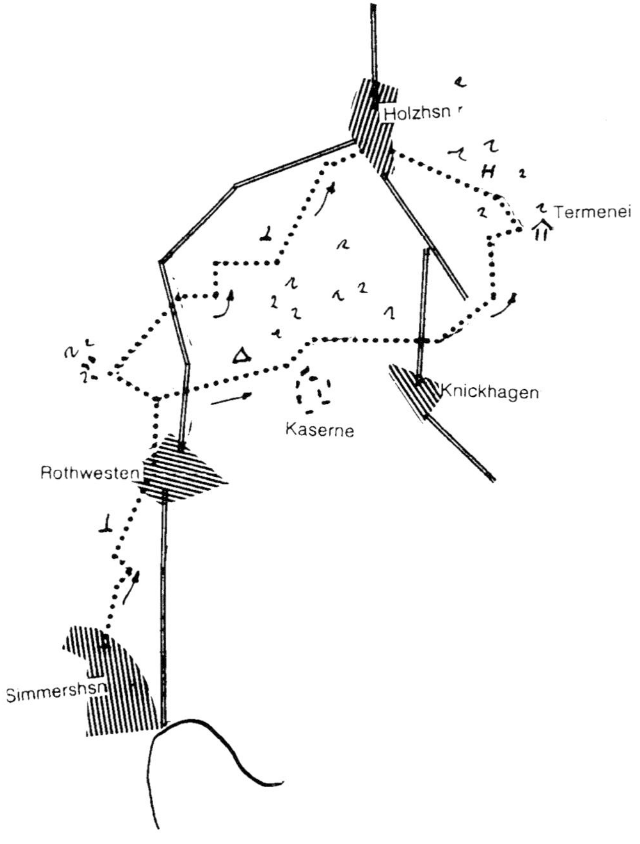

Wegbeschreibung:
Vom Schocketal aus biegen wir nach links in die Hauptstraße von Simmershausen ein. Bald schon finden Sie dann unsere Markierung, das „umgekehrte weiße T“. Nur kurz bleiben wir auf der Hauptstraße, dann biegen wir nach rechts ab in die Friedrichstraße, gehen über die Brücke und schwenken nach links in die Karlstraße ein.
Nun geht's immer am Bach entlang bis zu einem Autowendeplatz, danach geradeaus durch den Höllgraben bis nach Rothwesten. Hier müssen wir nach rechts den Höllweg hoch, nach links in die K.-Marx-Straße und gleich wieder nach rechts in die Friedrich-Engels-Straße. Am Osterberg müssen wir uns entscheiden: nach links auf „weißem umgekehrten T“ weiter (kürzester Weg) oder geradeaus, Markierung: weißes Dreieck.
Das Dreieck führt uns zur Straße Rothwesten/Holzhausen, die wir überqueren, und durch die Felder, schließlich am Kasernenzaun entlang bis zum Wald. Hier nach schräg links und hinab nach Knickhagen und wieder hinauf auf den Steinkopf, wo von rechts die Markierung „weißes H“ kommt. Ihr folgen wir nach rechts zur Termenei - schöner Blick von dort. Von hier aus sind es dann noch ungefähr 2,3 Kilometer bis Holzhausen, das wir an einer Reitanlage erreichen.

Wissenswertes:

Simmershausen: 1074 Erstnennung als Simareshusun. Kirche - Saalbau aus 1756 durch Verbreiterung einer gotischen, bereits im 16. Jh. östlich verlängerten Kirche, gotisches Westportal, Haubendachreiter; im Innern Taufstein, spätgotisch, mit Blendmaßwerk (= Bauornament aus geometrischen Grundformen einer geschlossenen Wand vorgesetzt). Radiomuseum (privat), Exponate vom Detektor bis zur Stereoanlage; Besichtigung nach telefonischer Vereinbarung mit Herrn Schülzki, Rufnummer 0561/ 81 94 54; der Eintritt ist frei.

Rothwesten: 1151 Rothwardessen genannt, am Fuße des Häuschenberges, 303 Meter, gelegen. Dort auch die Volkssternwarte. Sie besitzt drei Fernrohre, zwei Spiegelteleskope (21 und 30 Zentimeter Durchmesser) und einen Refraktor (dreilinsig, 125 Millimeter Durchmesser). Benutzung und Besichtigung nach telefonischer Vereinbarung mit Herrn Spitzer, Brüder-Grimm-Straße 24, Telefon 05607/459.

Gutshaus Winterbüren: Für alle, die auf dem „Umgekehrten weißen T" bleiben - etwa 1733 erbaut.

Knickhagen: 1458 der Gynghagen; im Tal des Osterbachs; benannt nach der uralten, bereits im 8. Jahrhundert nachweisbaren Landwehr (= Knick; Landwehr eine vor allem bei den Germanen gebräuchliche Bezeichnung für die Befestigung - Grenzwall -, die aber auch noch im Mittelalter Bedeutung hatte), die bis in die Gegend von Zierenberg nachweisbar ist; nordwestlich vom Dorf lag einst eine Wallanlage, die eine besondere Befestigung (Burg) in der Landwehr bildete.

Naturschutzgebiet Termenei: Das größte geschlossene Heidegebiet Nordhessens; Grillstation und Waldlehrpfad (ist im Grunde einen besonderen Ausflug wert).

Holzhausen: 1019 Holtshusen; lange Zeit wüst, Neubesiedlung um 1450. Kirche - kleiner einschiffiger Bau um 1100 mit schmalerem Chor und flachgedeckter Apsis. West- und Südwand des Schiffes und Dachstuhl im 16. Jahrhundert erneuert. Innen: Triumphbogen (= Bogen, der das Mittelschiff vom Querschiff oder Chor trennt) in Hufeisenform, darüber Reste ländlicher Wandmalereien von 1560 (Jüngstes Gericht, Petrus, Salome mit Johannesschüssel); Balkendecke auf geschnitzten Stützpfeilern, 16. Jahrhundert.

Tips vom Start bis zum Ziel

Ausgangsort: Simmershausen, OT von Fuldatal.

Anfahrt: Straßenbahn Linie 7 bis Stadtgrenze (Ihringshäuser Straße), Bus Nr. 33 oder Bahnbus Kursbuch Nr. 5210 (34) bis Schocketal.

Rückfahrt: Von Holzhausen nach Kassel, Kursbuch Nr. 5203 (35).

Streckenlänge: Ca. 14 km.

Markierungen: Bis hinter Rothwesten „Umgekehrtes weißes T", dann bis hinter Knickhagen „Weißes Dreieck" und schließlich bis Holzhausen „Weißes H".

Parkmöglichkeiten: Entfällt, da Streckenwanderung.

Einkehrmöglichkeiten: Simmershausen, Rothwesten, Knickhagen und Holzhausen.

Anmerkungen: Hinter Rothwesten kann man auch weiterhin auf der Markierung „Weißes umgekehrtes T" bleiben. So wandert man jenseits der Straße Rothwesten/ Holzhausen im Krummbachtal aufwärts zum Ziel (insgesamt ca. 10 km).

Route 4: Streckenwanderung

Auf der Wildbahn zum Dr. Eisenbart

Wir haben diese Wanderung bereits vor 20 Jahren einmal unternommen und wollten heute überprüfen, ob sich, wie leider nur allzu oft, viel verändert hat. Und siehe da, wir fanden sie ebenso schön wie damals. Wir hoffen, daß auch Sie sie genießen werden, wenn Sie unseren alten und neuen Spuren folgen.

Wegbeschreibung:
Von der Bushaltestelle aus queren wir die Straße nach Rothwesten, finden neben der Einfahrt zur Reinhardswaldschule einen Wegweiser, der uns unsere Markierung X 3 auch anzeigt. Kurz geht´s bergan zur Zuschlagsruh mit Schutzhütte, dann durch ei-

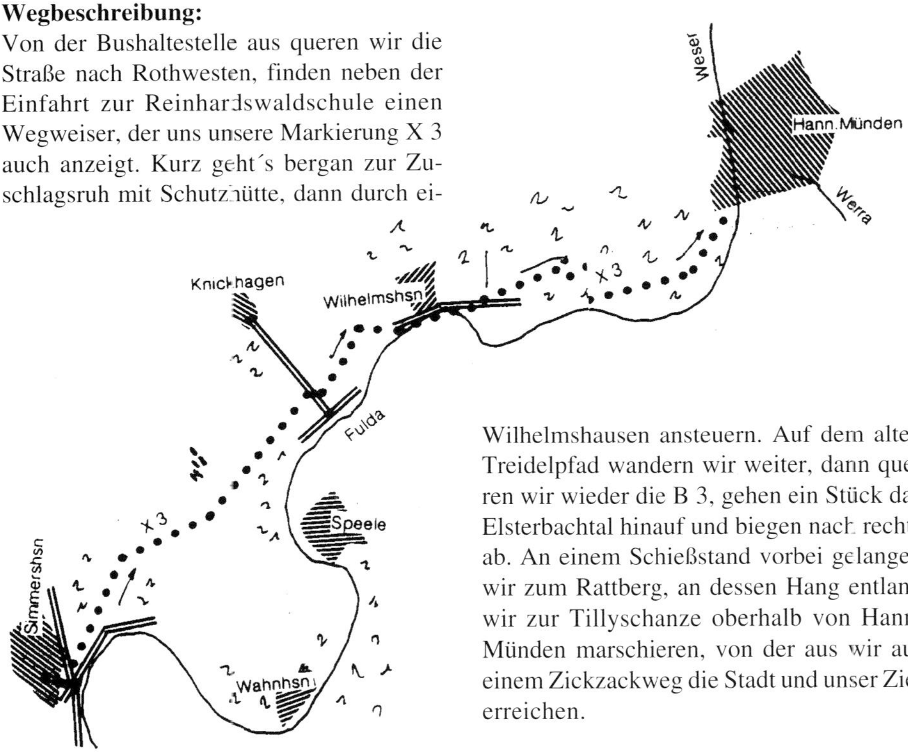

nen Erosionsgraben in schönem Mischwald, weiter am Waldrand entlang und über Feldwege am Gut Eichenberg (links zu sehen) vorbei und wieder in den Wald. Nun müssen wir abwärts, um zwischen Unter- und Spiegelmühle die Knickhagener Straße zu erreichen, die wir queren. Bergauf geht´s wieder und dann hinab zur B 3, an der entlang wir - rechts der Fulda - schließlich Wilhelmshausen ansteuern. Auf dem alten Treidelpfad wandern wir weiter, dann queren wir wieder die B 3, gehen ein Stück das Elsterbachtal hinauf und biegen nach rechts ab. An einem Schießstand vorbei gelangen wir zum Rattberg, an dessen Hang entlang wir zur Tillyschanze oberhalb von Hann. Münden marschieren, von der aus wir auf einem Zickzackweg die Stadt und unser Ziel erreichen.

Wissenswertes:
Zuschlagsruh: Hier plante der langjährige Vorsitzende des "Niederhess. Touristenvereins", Prof. Dr. Carl Zuschlag, die "Nationalfestspiele 1900", bei denen auf der gegenüberliegenden Halbinsel Kragenhof Schlachten der Weltgeschichte dargestellt werden sollten.
Gut Eichenberg: 1490 von Herzog Wilhelm v. Braunschweig (Haus Calenberg, seit 1442

war Göttingen bei diesem Hause) an die v.d. Malsburg verliehen; 1809 neu angelegt.
Mühle an der Straße nach **Knickhagen:** Hier stand seit 1592 eine Eisenhütte, ab 1616 in landgräflichem Besitz, 1661 erneuert, nun "Wilhelmshütte" genannt. Da die Eisenqualität nicht gut war, erfolgte 1661 Stillegung (Errichtung einer neuen Hütte in Veckerhagen). In den Gebäuden von 1699-1740 eine Spiegelglashütte (Arbeiter Schotten).
Wilhelmshausen: Ehem. Zisterzienserinnenkloster Wahlshausen, um 1140 von Kaiser Konrad III. (1138-1152) und Albrecht II., Mainzer Erzbischof (aus dem Hause Saarbrücken), gegründet, seit 1310 mit Mönchen besetzt. 1527 aufgehoben. 1572 gründete anstelle des Klostergutes Landgraf Wilhelm IV. (1567-92) das nach ihm benannte Dorf. Kirche - jetzt ev. Kirche, 1142-52 erbaut, 1626 und 1637 im 30jährigen Krieg eingeäschert. 1892-93 stark erneuert, dreischiffige, flachgedeckte Basilika mit Querschiff, querrechteckigem Chorjoch, Hauptabsis und zwei Nebenapsiden, im 17. Jh. Seitenschiffe und Nebenapsiden abgebrochen und 1892 neu gebaut und an die ursprünglich turmlose Westfront seitlich ein Turm angefügt; im Innern vermauerte Tür des südl. Kreuzarmes mit Agnus Dei im Tympanon, Taufstein mit Tierreliefs um 1200; Rokoko-Orgel 18. Jh., 1813 aus dem ehem. Franziskanerkloster Lüdge/West. übertragen
Tillyschanze: Oberhalb von Hann. Münden. Stätte der 1306 auf Befehl Kaiser Albrechts (Albrecht I. v. Österreich 1298-1308) geschleiften Hessenburg(?). Pfingsten 1626 von hier aus Beschießung der Stadt durch Tilly. Im Siebenjährigen Krieg wichtiger Stützpunkt zur Beherrschung der Talstraßen. Turm steht noch in Hessen gleich neben der Grenze nach Niedersachsen.
Hann. Münden: Handelswege über die Flüsse seit der jüngeren Steinzeit. Ein fränkischer Königshof im Bereich der Ägidienkirche ist anzunehmen. Dörfliche Siedlung seit dem 9. Jh. (Gimundin). Stadtgründung auf die thüringisch-hessischen Ludowinger oder Heinrich d. Löwen zurückzuführen. 1182 als Stadt bezeichnet. Stapelrecht von 1247-1823 wirtschaftliche Grundlage der Stadt (Schlagden an Fulda und Werra). 1488-1584 ständige Residenz des Herzogtums Calenberg-Göttingen. Pfarrkirche St. Blasius - drei Vorgängerbauten, Langhaus 1487-1502. Ägidienkirche - Einschiffiges Langhaus 1684 anstelle einer um 1150 errichteten Kapelle an den spätgotischen Altarraum angefügt, spätgotischer Turm mit Barockhaube von 1729. An der Nordseite Grabmal des Dr. Eisenbart (Joh. Andreas, gestorben 11.11.1727 im Haus Lange Straße 34, dort Figur). Schloß - an alter Burgstelle durch Otto v. Northeim 1070 neue Burganlage errichtet, 1247 von Herzog Otto I. v. Braunschweig erweitert und um 1500 von Herzog Erich I. schloßartig umgestaltet, Brand 1561, Wiederaufbau ab 1562, Weserrenaissance. Rathaus - im Kern gotisch, 1603-09 Nordfront zum Markt in Weserrenaissance gestaltet. Von der Stadtbefestigung bedeutende Teile erhalten. Bürgerhäuser meist niedersächsischen Typs, seit dem 17. Jh. mit hess.-fränkischen Elementen durchsetzt.

Tips vom Start bis zum Ziel

Ausgangsort: Simmershausen, Schokketal.
Anfahrt: Bus Linie 33 oder 34 ab Kassel-Hauptbahnhof, Haltestelle: Simmershausen, Schocketal.
Rückfahrt: Ab Hann. Münden nach Kassel, Kursbuch 600 oder Bus Linie 34.
Parkmöglichkeiten: Entfällt.
Streckenlänge: ca. 17 km.
Markierung: X 3.
Einkehrmöglichkeiten: Simmershausen, Wilhelmshausen, Hann. Münden.

Route 5: Rundwanderungen

Durch den Reinhardswald

Einige unserer Wanderer werden sagen: Endlich wieder einmal eine Rundwanderung. Ja, wir bieten hier sogar deren zwei an. Welche schöner ist? Das zu entscheiden, überlassen wir unseren Wanderfreunden selbst.

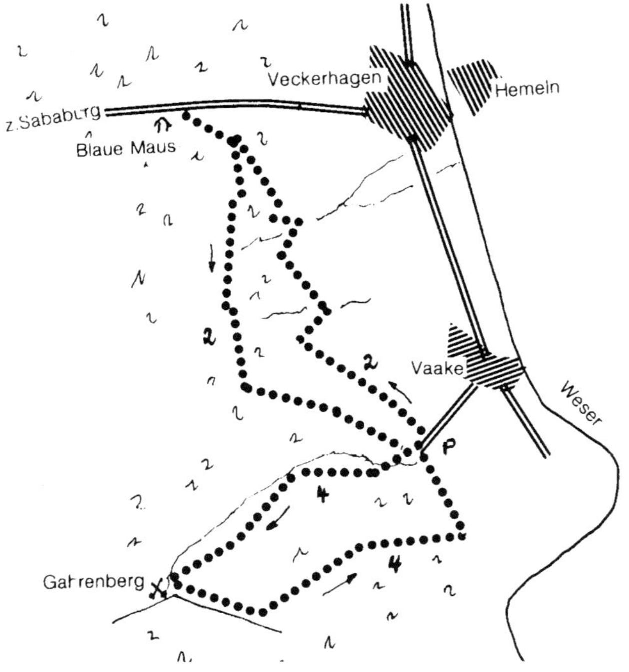

Wegbeschreibung:
Anmarsch bis zum Parkplatz: Von der Bushaltestelle in Vaake gehen wir ein paar Schritte zurück in Richtung Hann. Münden und biegen dann nach rechts in die Gahrensberger Straße ein. Sie führt uns durch die Felder hinauf bis zum Parkplatz "Ahletal". Bis hierher fahren auch unsere Automobilisten. Nun also muß man sich entscheiden - außer man will beide Wege, den einen vormittags, den anderen nachmittags, begehen.
2 gelb: Er führt nach rechts - angezeigt - zuerst ein Stück über den Vogellehrpfad am Wald entlang, überschreitet dann den Habichtsbach in einem Taleinschnitt und später den Klinkenbach. Nach rechts haben wir immer wieder schöne Blicke ins Wesertal. Am Hopfenberg biegt unsere Markierung in spitzem Winkel nach links ab und führt uns am Hang des 439 m hohen Mühlenberges - hinter der 4. Bachüberquerung nach links - wieder sicher zurück zu unserem Ausgangsort - zum Schluß wiederum ein neues Stück des Vogellehrpfades.

4 gelb: Diese Markierung leitet uns an der Nassen Ahle entlang, die ein wenig später nach links hin überschritten wird, hinauf auf den Gahrenberg. Hier zeigt sie uns den Weg nach links ein Stück die Kohlenstraße entlang und weiter, wiederum nach links, durch den Wald am Finkenteich - bleibt links - vorbei zum Kaufmannsborn und weiter hinab letztlich durch Wiesen auf der sogenannten Winterseite zu unserem Parkplatz zurück.

Wissenswertes:
Reinhardswald: Er bedeckt fast ohne Unterbrechung eine Fläche von ca. 19 000 Hektar und gehört damit zu den größten zusammenhängenden Waldgebieten Deutschlands. Zusammen mit dem Bramwald, dem Kaufunger Wald und dem Solling bildet er das sogenannte Sollinggewölbe, das in eine große Buntsandsteinplatte, die im Bereich von Bad Karlshafen eine Mächtigkeit von ca. 111 m erreicht und von einzelnen Vulkanergüssen (Tertiär) durchbrochen ist. Seine höchsten Erhebungen sind der Gahrenberg (472 m) und der Staufenberg beim OT Veckerhagen (472 m). In diese Buntsandsteinplatte hat sich die Weser ihr Bett gegraben. Ursprünglich bestand das gesamte Gebiet aus zwei Teilen: Der nördliche Zipfel bis Helmarshausen war der "Forst Siburg", an den sich dann südlich der eigentliche Reinhardswald anschloß. Ein Teil des Reinhardswaldes wurde bis etwa 1890 als Hute durch die umliegenden Gemeinden genutzt, worauf viele Triften noch heute hinweisen, sowie Hutesteine. In guten Jahren konnten hier 20 000 Schweine jährlich feist gemacht werden (Eichelmast), wie Dillich in seiner Hessischen Chronik 1605 schrieb. Heute stehen im Reinhardswald zu 42% Buchen, 37% Fichten, 14% Eichen, 4% Lärchen und der Rest ist mit anderem Gehölz bestanden. Der Name des Waldes kommt nach Jakob Grimm vom altsächsischen "regin" = groß und dem Wort "hart" = Wald her. Die Sage allerdings berichtet von einem Grafen Reinhard, der bei einem Würfelspiel Geld, Gut und Land verloren habe und sich von seinen Mitspielern die Gunst erbat, noch einmal auf eigenem Grund und Boden säen und ernten zu dürfen, was ihm auch zugestanden wurde.
Er aber säte Eicheln und Bucheckern und weder er noch seine Kontrahenten erlebten so das Reifen der Aussaat, so daß Reinhard bis an sein Lebensende im Besitz seines Landes blieb.

Tips vom Start bis zum Ziel

Ausgangsort: Vaake OT von Reinhardshagen.
Anfahrt: Für Motorisierte - durchs Fuldatal nach Hann. Münden, von dort auf der B 80 - linksweserisch - nach Vaake. Für Nichtmobilisierte - mit dem Bus, Kursbuch 5203 (35) bis Vaake, Gahrenbergstraße.
Rückfahrt: Wie Anfahrt.
Parkmöglichkeiten: In Vaake, Gahrenberger Straße, Parkplatz "Ahletal".
Streckenlänge: jeweils ca. 11 km.
Markierungen: 2 gelb bzw. 4 gelb.
Einkehrmöglichkeiten: In Vaake.
Anmerkungen: Markierung 2 gelb kann auch bis zum Grill- und Spielplatz "Blaue Maus" erweitert werden (ca. 2 km mehr hin und zurück). Besonders für Wanderer mit Kindern wichtig: Am Anfang von 2 gelb gibt's einen Vogellehrpfad.

Route 6: Streckenwanderung

Durch den Reinhardswald zur Sababurg

Wenn auch nicht gerade mit Salonschuhen, so doch aber auch nicht gerade sehr wandermäßig "schuhwerklich" ausgerüstet, marschierten wir los. Wir hätten´s besser wissen müssen, schließlich war das ja nicht unsere erste Tour durch den Reinhardswald. Und dazu noch im Herbst. Machen Sie´s also besser als wir: Mit guten Wanderschuhen an den Füßen, kommen Sie auch hier durch. Zudem verraten wir Ihnen noch, wie Sie auch trockenen Fußes zur Sababurg kommen.

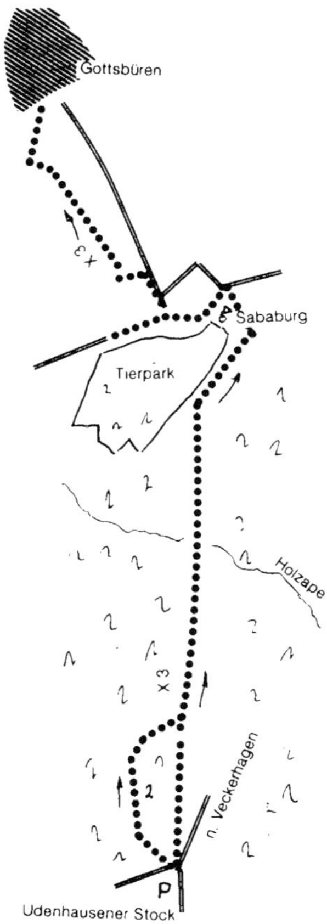

Wegbeschreibung

Wer´s zünftig will, der geht vom Parkplatz bzw. der Bushaltestelle vor zur Ecke Udenhausener-Reinhardshagener Straße. Der Normalweg führt - Markierung 1, 2, 3 gelb und X 3 - an der Schranke immer geradeaus auf einem Grasweg an Buchen, Eichen und Birken vorbei in Richtung Norden. Wer´s bequemer haben will, der benutzt die Forststraße, die gleich daneben beginnt. Auch sie führt schließlich zum Ziel, dem Zusammenschluß mit der Wildbahn X 3, den wir nach rechts hin schließlich an einer Forststraßenkreuzung erreichen. Sie ist gut begehbar, wenn auch eben nicht so romantisch wie der Graspfad durch das Gebiet "Alte Schanze". Wie auch immer Sie gehen, ab der oben genannten Kreuzung vertrauen wir uns dem weißen X an. Es führt uns sicher, nachdem wir die Holzape überschritten haben, nach ca. 5 km zusammen mit dem von rechts herkommenden Niedersachsenweg - X 6 - auf der Kasseler Schneise zum Kasseler Tor und zur Sababurg, wo wir eine Rast einlegen sollten. Der Rundgang durch den dortigen Küchengarten, die Turmbesteigung und Besichtigung der Palasruine kostet für Erw. 1 DM, für Kinder 0,50 DM. Tierfreunde vertrauen sich ab der Sababurg dem X 6 an, das hinunter zum Tierpark führt, der vor allem auch für Kinder eine wahre Freude ist. Geöffnet Nov., Dez., Jan., Febr. 10-16 Uhr, März, Okt. 9-17 Uhr, Apr., Sept. 8.30-19 Uhr, Mai-Aug. 8-20 Uhr. Preise: Erw. 5 DM, Rentner und Kinder 2,50 DM. Es gibt auch Familienkarten. Vom Tierpark müssen wir aber wieder ein Stück zurück zur Straße nach Gottsbüren. Auf der wandern wir nun erst mal ein Stück entlang - ca. 500 m -, um dann dem X 3 nach links hinab ins Donnebachtal und zur Sababurger Mühle zu folgen. Über die Große Beckerseite (281 m) und durch die Felder erreichen wir schließlich unser Ziel, Gottsbüren.

Wissenswertes:
Udenhausener Stock: Wegweiser und Hutungszeichen. Bankgruppe mit Bäckereiche, zu der die Kasseler Bäcker einst alljährlich einen Ausflug machten.
Kasseler Schneise: Eichenallee, die Bäume sind z.T. über 400 Jahre alt.
Sababurg: Vor 1300 Zappenburg genannt. An der alten Höhenstraße Kassel - Holzhausen zur Diemel - und Weserfurt und der nach Gottsbüren führenden mittelalterlichen Königsstraße gelegen. Von Mainz zum Schutze des nahen Wallfahrtsortes Gottsbüren ausgebaut. 1354 zur Hälfte, 1429 ganz an Hessen, 1455 wüst genannt. Ab 1490 Bau des Jagdschlosses, Turmhauben aus dem 17. Jh. Nach Verwüstung im 30j. und 7j. Krieg nochmals Einrichtung als Jagdschloß durch Landgraf Friedrich II. "Dornröschenschloß" der Brüder Grimm. Mauerpark 1571 angelegt. Eine 5 km lange Mauer umschließt ca. 600 Morgen Land. Züchtung der Pferderasse "Sababurger Wilde". Anfang 19. Jh. Verkauf des Tierbestandes an den Herzog von Pfalz-Zweibrücken. Seit Juni 1973 ist der Tierpark wieder Besuchern geöffnet. Zu besichtigen: Wisent, Rückzüchtung des Ur, alle drei noch vorkommenden Wildpferderassen, Rothirsch, Damhirsch, Dybowskihirsch, Ren, Mufflon, Luchs, Wolf, Waschbär u.a., Schrei- und Schwimmvogelarten, in Volieren Eulen, Tauben, Singvögel usw. Ein Kinderzoo mit Streicheltieren macht besonders den Jüngsten viel Spaß. Forst- und Jagdmuseum in einem niedersächsischen Fachwerkhaus, Ponyreiten, Kutschfahrten, Kindereisenbahn, Verkehrskindergarten komplettieren den Spaß.
Gottsbüren: Um 830 Buria in pago Hessi, 1020 Gunnesburin genannt. Um 1343 Fund einer blutenden Hostie führte zu Wallfahrten und vor 1343 zur Gründung eines Nonnenklosters, 1343-55 bestand ein Kollegiatstift. Im 15. Jh. Auflösung des Klosters. Kirche - Neubau 1331, Schiff und Westturm 14. Jh., Vollendung erst Mitte 15. Jh.; dreischiffiges Hallenlanghaus, darinnen spätgotische Wandmalereien des 15. Jh.

Tips vom Start bis zum Ziel

Ausgangsort: Parkplatz und Bushaltestelle "Udenhausener Stock".
Anfahrt: Nichtmotorisierte - VGK-Fahrplan Nr. 33. Motorisierte - Ihringshausen-Schocketal-Rothwesten-Holzhausen-Haltestelle "Udenhausener Stock".
Rückfahrt: Von Gottsbüren nach Hofgeismar, Kursbuch Nr. 5202, dann Kursbuch Nr. 430.
Parkmöglichkeit: Parkplatz "Udenhäuser Stock".
Streckenlänge: ca. 17 km
Markierungen: X3.
Einkehrmöglichkeiten: Sababurg (kein Ruhetag), Gottsbüren.
Anmerkungen: Für die Motorisierten bestehen ab Parkplatz mehrere Rundwander-Möglichkeiten: 1 gelb = 5 km; 2 gelb = 6,5 km; 3 gelb = 11 km. Alle Rundwanderungen sind bestens markiert. Bei allen aber muß man anfangs, ebenso bei unserer Streckenwanderung, durch ein Gelände, das nur nach langer Trockenheit z.T. nicht morastig ist. Gute Wanderschuhe - vor allem wasserdichte - sind obligatorisch!

Route 7: Streckenwanderung

Über den Kelzer Berg zum Schloß

Ein bißchen Ausdauer braucht´s diesmal. Vor allem, wenn man sich in den Orten noch ein bißchen umsehen und vielleicht in Grebenstein das Museum besuchen will. Die Markierungen sind gut zu finden.

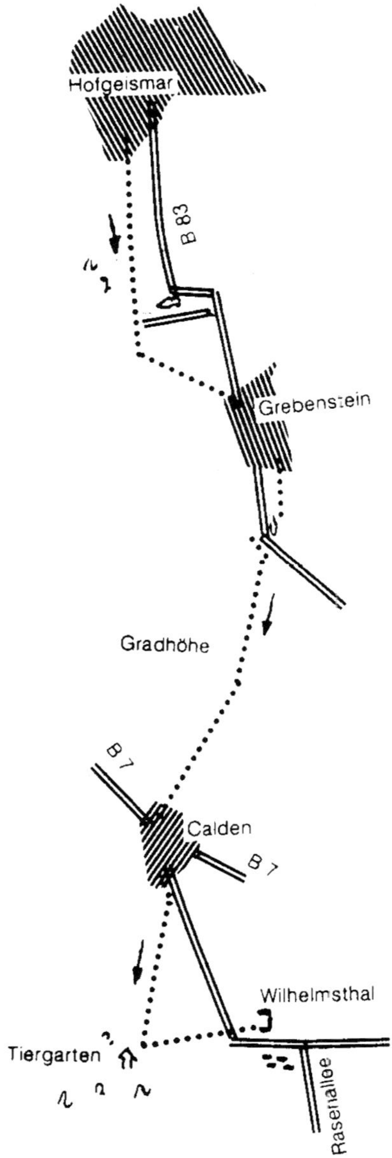

Wegbeschreibung:

Vom Bahnhof in Hofgeismar aus gehen wir hinauf zur B 83, queren nach rechts auf der Brücke die Bahnlinie und wandern hin zur Stadt. Vor der Fußgängerzone biegt die B 83 (Grebensteiner Straße) nach links ab. Wir folgen ihr und finden nun schon unsere Markierung, das Rechteck. Hinter der Audi-Vertretung biegen wir nach rechts in den Kelzerweg ein. Er führt uns über den Kelzer Berg, durch die Felder nach Grebenstein, das wir über eine Straßenbrücke, dann Sauertalsweg erreichen.

Am Kiosk schwenken wir nach rechts in die Hofgeismarer Straße ein, über den Markt und durch die Hochzeitstraße, über die Esse, geradeaus bis vor den Burgberg. Hier nach rechts in die Schachtener Straße. Am Akkerbürgermuseum vorbei verlassen wir die Altstadt, marschieren auf der Straße an den Schrebergärten vorbei geradeaus, kommen zur Teichanlage, biegen danach nach rechts ein, unterqueren die B 83 und lenken dann gleich danach unsere Schritte nach links. Ein kurzes Stück geht´s an der B 83 entlang, dann nach rechts und vor dem Gehöft "An der Gradhöhe" nach links über die Gradhöhe zum Suderbach, den wir überschreiten. Nun liegt Calden vor uns, das wir durchwandern. Unsere Markierung führt uns durch den Ort zum ehem. Tiergarten des Wilhelmsthaler Schlosses. Am dortigen Parkplatz - Lindenrondell - müssen wir nach links durch die Allee hin zum Schloß.

Wissenswertes:
Hofgeismar: 1082 Hovegeismari genannt; an bedeutenden, früheren Fernwegen gelegen; Raum früh besiedelt. Unter Erzbischof Sigfried II. v. Epstein (1200 - 9.9.1230) Stadtrecht. Eine Neustadt 1234, die Peterstadt im NO 1307 genannt, jeder Stadtteil mit eigener Kirche. Stadt 1401 und 1424 von den hess. Landgrafen Hermann und Ludwig II. zerstört, 1462 an die Hessen verpfändet und nicht mehr eingelöst, 1583 endgültig abgetreten.
1639 alte mineralische Quelle wiedergefunden, ab 1701 Ausbau des "Gesundbrunnens". 1866 Aufhebung des Bades. Altenstädter Kirche (Stiftskirche Liebfrauen) - 1. Anlage um 1082; 1138 Kollegiatstift gegründet; dreischiffige Gewölbebasilika ursprünglich (12. Jh.), 1330 Umbau in gotische Hallenkirche. Neustädter Kirche (St. Maria) - Gründungsbau spätromanisch, Neubau 1341. Rathaus - über den Grundmauern eines 1387-90 errichteten Baus 1728 durch Landgraf Carl erbaut, 1853-56 romanisiert. Gilde- und Hochzeitshaus - 1620 erbaut, Spätrenaissance.
Grebenstein: An alten Fernstraßen gelegen, an der Kreuzung der Bremer Landstraße und der via regia um 1000 ein Marktflecken, südl. der Stadt die Burg "Fürstenstein", um 1265 von den Grafen v. Dassel erbaut, deren Erben, die v. Everstein, 1297 Burg und Gericht an den hess. Landgrafen Heinrich I. verkaufen. 1324 als Stadt genannt, 1356 eine Neustadt gegründet, 1370 mit Altstadt vereinigt. 1637 durch Kroaten geplündert. Kirche - dreischiffige Halle, 14. Jh., im Chor Gewölbemalereien.
Rathaus - Erdgeschoß spätgotische, umgestaltet 1573, Fachwerkobergeschoß 16. Jh., erneuert, Hauptportal mit Georgsrelief 1591.
Calden: Kirche - spätklassizistischer Bau, 1846-48.

Tips vom Start bis zum Ziel

Ausgangsort: Hofgeismar.
Anfahrt: Für Nichtmotorisierte - mit der DB ab Kassel, Kursbuch Nr. 430; Motorisierte - B 7 bis Mönchehof, dann B 83
Rückfahrt: Nichtmotorisierte - ab Schloß Wilhelmsthal mit dem Bus, Kursbuch Nr. 5200 oder 5262. Motorisierte - über Rasenallee, Wilhelmshöhe.
Parkmöglichkeiten: Entfällt, da Streckenwandern; falls doch Anfahrt mit dem Auto nach Hofgeismar, Rückfahrt von Wilhelmsthal, Kursbuch Nr. 5200, dann Parkmöglichkeit in Hofgeismar am Würfelturm.
Streckenlänge: ca. 16 km
Markierung: weißes Rechteck
Einkehrmöglichkeiten: Hofgeismar, Grebenstein, Calden, Wilhelmsthal.
Anmerkungen: Bis auf kurze Waldpartien geht es fast ausschließlich durch die Felder, d.h. bei heißem Wetter gibt es kaum Schatten. Bei starkem Wind kann es ganz schön ziehen. Man sollte daher seine Bekleidung dementsprechend anpassen.
Das Ackerbürgermuseum im "Haus Leck" aus dem Jahre 1431 ist geöffnet: Sonntag 14.00-17.00 Uhr. Gruppen sollten sich anmelden bei Karl Wolf, Tel. 05674/6631.

Route 8: Streckenwanderung

Wir wandern im Diemeltal

An einem schönen Tag macht diese Tour bestimmt vielen großen Spaß. Da es fast immer durch freies Gelände geht, ist's bei strahlendem Sonnenschein natürlich besonders vergnüglich. Und da man ja durch einige Ortschaften kommt, kann man sich da und dort bei einem heißen Getränk immer wieder aufwärmen.

Wegbeschreibung:
Von dem kleinen Parkplatz an der Diemelbrücke unterhalb des Stadtberges aus überqueren wir die Brücke, biegen danach sofort nach rechts ab - B 83 - und gehen dann hinter der Bushaltestelle nach rechts hinab zum Rad- und Fußweg. Auf ihm wandern wir nach links - rechts auf der anderen Flußseite Tennisplätze und ein Campingplatz - erst ein Stück an der Diemel entlang und danach durch die Wiesen und Felder, schließlich nach links durch eine Birkenallee und nach rechts oberhalb des Stammener Sportplatzes nach Stammen. Am Bürgerhaus - rechts - und dem Friedhof - links - vorbei kommen wir zur Schloßstraße, in die wir nach rechts einbiegen. Am Schloß vorüber - rechts - marschieren wir nun auf dem Brückeweg an der Schloßmauer entlang und schwenken noch vor dem EAM-Haus nach links ab. Immer an der Esse entlang durch die Wiesen erreichen wir schließlich Hümme. Hinter den dortigen Schrebergärten gehen wir kurz ein Stück nach rechts auf der Hauptstraße und schwenken bereits vor den Brücke wieder nach links - Weg ein bißchen matschig! Nun wandern wir - die Esse immer rechts von uns, auf der anderen Seite die Bahn - auf der Hinterseite des Schönebergs (323 m) zur Hagemühle. Wer will

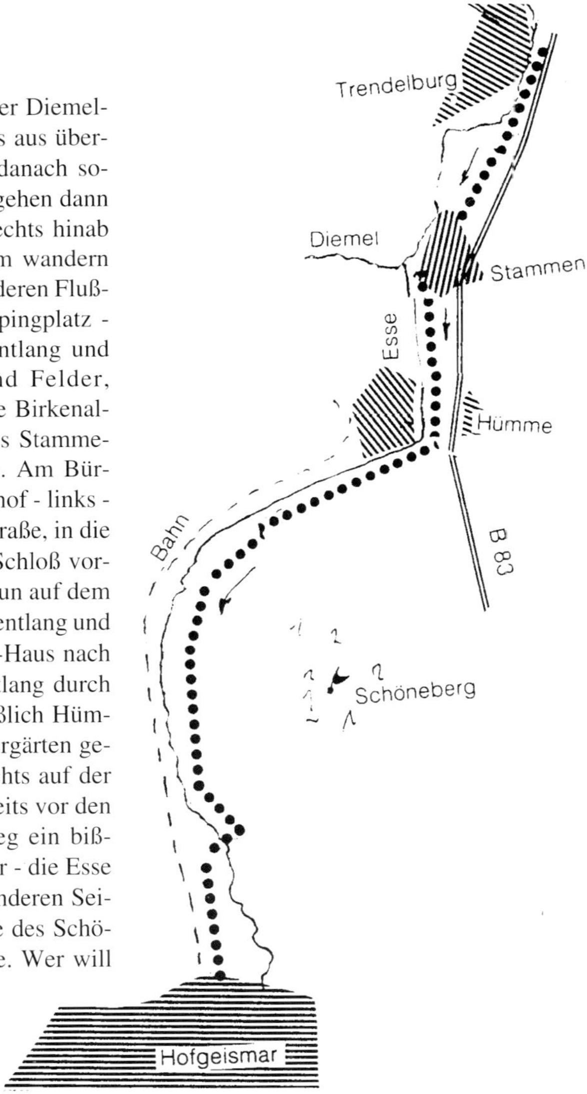

kann von dort aus nach links hinauf zum Schöneberg gehen, um die kaum noch sichtbaren Reste einer einst stolzen Burg zu suchen. Hinter der Hagemühle queren wir die Esse, erreichen schließlich die Steinmühle und dann immer an der Bahn entlang, zum Schluß durchs Industrieviertel von Hofgeismar den Hofgeismarer Bahnhof, von dem aus wir entweder - Nichtmotorisierte - direkt mit der Bahn nach Kassel oder aber - Motorisierte - mit dem Bus zurück nach Trendelburg zu unserem Auto fahren.

Wissenswertes:
Trendelburg: 1303 Trindirberg genannt; Burg und Stadt im 13. Jh. durch die Herren v. Schöneberg angelegt. 1305 je zur Hälfte an Paderborn und Hessen. 1318 Ritter Hans v. Stofhusen Burgmann auf der Burg. 1429 alleiniger hess. Besitz. 1631 Verwüstungen durch Tillysche Truppen (30j. Krieg). Mehrere große Brände, letzter 1868. 1676 Umbau der Burg und 1700 als „Fürstliches Jagdschloß“ bezeichnet. 1763 Erneuerung der Burg nach Beschießung im 7 j. Krieg. 1901 erwarb die Familie v. Stockhausen die Burg, restaurierte sie nach alten Plänen.
Hofgeismar: Siehe Route 7.
Hümme: Im 9. Jh. Hummi genannt. Kirche - mittelalterlicher, wohl gotischer Westturm, Laterne 18. Jh., Schiff 1770 unter Verwendung mittelalterlichen Mauerwerks, Orgel 1781. Im Ort diemelsächsische Fachwerkhäuser 17. - 18. Jh.
Stammen: Um 1000 Stannem. Im Besitz des Grafen v. Northeim, später Braunschweig, 1422 an die v. Schöneberg, nach deren Aussterben (1428) Kauf durch die hess. Landgrafen. 1429 als Freigut an die v. Pappenheim zu Liebenau und Stammen. Diana v. Pappenheim seit 1809 Geliebte des Königs Jérôme v. Westfalen (zwei Töchter). Schloß - im 18. Jh. erbaut. Kirche - kleiner Bau aus 1800, Ostturm im Kern mittelalterlich.

Tips vom Start bis zum Ziel

Ausgangsort: Trendelburg
Anfahrt: Nichtmotorisierte - mit der DB bis Hofgeismar, Kursbuch Nr. 430, dann DB-Bus, Kursbuch Nr. 5202. Motorisierte - B 7, dann B 83 bis Trendelburg.
Rückfahrt: Nichtmotorisierte - ab Hofgeismar-Bhf., Kursbuch Nr. 430. Motorisierte - Rückfahrt nach Trendelburg ab Hofgeismar-Bhf., Kursbuch Nr. 5202.
Parkmöglichkeiten: In Trendelburg links hinter der Diemelbrücke.
Streckenlänge: Ca. 12 km.
Markierungen: Durchgehend ^
Einkehrmöglichkeiten: In Trendelburg, Stammen, Hümme, Hofgeismar.
Anmerkungen: Die Wege sind meist gut begehbar. Empfehlenswert die Karte "Stadtplan mit Wanderkarte Hofgeismar", 1: 50000, Grothus Verlag.

Route 9: Streckenwanderung

Tagestour durch den Habichtswald

Gut zu Fuß sollte man bei dieser Wanderung schon sein. Für sehr müde Germanen ist sie wohl doch nicht so ganz das Richtige. Den anderen wird sie hoffentlich ebensoviel Spaß machen wie uns. Wandern Sie gemütlich dahin und eilen Sie nicht. Wie sagte Lafontaine so richtig? „Eilen hilft nicht; zur rechten Zeit fortgehen, das ist die Hauptsache!" Also: Rüsten Sie frühmorgens, um den ganzen Tag genießen zu können.

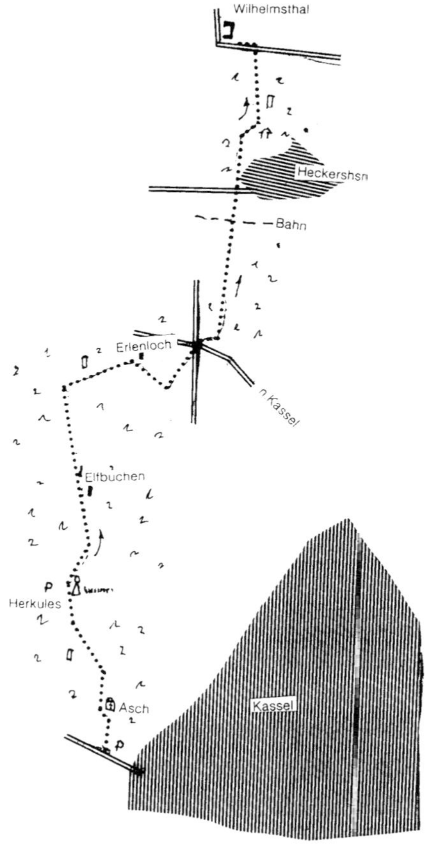

Wegbeschreibung:
Durch die vorzügliche Markierungsarbeit des HWGHW erübrigt sie sich eigentlich fast. Trotz allem wollen wir Ihnen doch ein paar Hinweise geben. Zuerst müssen wir mal die Treppen zum Parkplatz hinauf, um den Asch (2 km) zu erreichen. Weiter geht's dann über den Hüttenberg hinüber zum Herkules (3,5 km) und hinab zum Erlenloch (7 km). Dann erreichen wir die Kreuzung Rasenallee/B 251 und wandern nun am gegenüberliegenden Parkplatz vorbei unterhalb der Firnskuppe, schließlich durch die Felder, die Bahnlinie nach Zierenberg kreuzend, nach Heckershausen (10 km). Dort müssen wir an einer Hütte vorbei, unterhalb des Stahlbergs bergauf und durch den Wald zur Straße Schäferberg/Wilhelmsthal, auf die wir nach links einbiegen, um das Schloß anzusteuern.

Wissenswertes:
Asch: Mittelhochdeutsch = Esche; Waldsee in der Nähe der Löwenburg, der einen Teil der Wilhelmshöher Wasserkünste speist; hinter dem Teich am Hunrodsberg frühgeschichtliche Wallanlage; Aschgraben: Am Südhang des Hüttenberges angelegter künstlicher Wassergraben, der den Waldsee mit dem Quellwasser aus dem Stollen der ehemaligen Zeche Herkules versorgt.

Herkules: „Der Herkules" - Riesenschloß (Oktogon) auf dem 530 m hohen Karlsberg, der ursprünglich Winterkasten hieß und zu Ehren des Landgrafen Carl umbenannt wurde. Unter ihm errichtete zwischen 1708-1711 der italienische Baumeister Francesco Giovanni Guerniero das Bauwerk; umfangreicher Unterbau mit Grotten, Toren und Treppen, darüber ein riesiger Umgang, mit Kreuzgewölben überdeckt, über diesen eine von gekuppelten Pfeilern getragene Bogenstellung, auf deren Tonnengewölben die Plattform ruht. Auf ihrer Vorderseite eine steinerne Pyramide mit dem kupfernen Standbild des farnesischen Herkules (Statue in der Sammlung Farnese in Neapel), 1713-1717 von dem aus Augsburg stammenden Goldschmied Johann Jakob Anthoni geschaffen; Höhe des Oktogons 28,5 m, der Pyramide 30 m, des Standbildes 9,26 m, in der Keule haben sechs Personen Platz. Vom Oktogon ziehen in einer 250 m langen und 12 m breiten Riesentreppe die Kaskaden hinab, 1704-1708 durch Guerniero angelegt.

Elfbuchen: (535 m) bewaldete Höhe nördlich vom Herkules, Aussichtsturm von 1879 (Aussicht völlig verwachsen).

Erlenloch: Im nördlichen Habichtswald, Restloch eines ehemaligen Steinbruchs.

Firnskuppe: (314 m), auf der südlichen Basaltkuppe ein Schacht, wohl bei der Suche nach Braunkohle angelegt. Gegen Ende des 19. Jh. fand sich im Hintergrund des Gewölbes noch die gut erkennbare Jahreszahl 1646 - etwa 2 m über der Schachtöffnung.

Heckershausen: 1106 Heckereshusen genannt; an der Ahna gelegen; Kirche - spätgotischer Chorturm 15. Jh. mit Maßwerkfenstern, im Chorraum Kreuzrippengewölbe auf Konsolen, Turmhaube 1775, gotisierendes Schiff aus 1886, spätgotischer Taufstein. Spitzname der Heckershäuser: Die Häjer-Schwänze.

Wilhelmsthal: Rokokoschloß an Stelle des Dorfes Amalgoteshuson des 12. Jh. (später Wüstung), 1539 als Hof genannt; Besitz des Klosters Helmarshausen, den später die v. Schachten zu Lehen trugen, 1643 von diesen an die Landgräfin Marie Amalia verkauft, die dort ein fürstliches Lusthaus (Amelienthal) erbaute. Das neue Schloß wurde dann unter Landgraf Wilhelm VIII. (1751-1760) nach Plänen von Cuvillié d.Ä. begonnen, 1754 Wilhelmsthal genannt, 1755 im Rohbau fertig; Dreiflügelanlage vom Typ des französischen „maison de plaisance". Gartenanlagen bereits 1744 begonnen, Umgestaltung in Landschaftsgarten unter Wilhelm IX. (1796-1814) nach Plänen von Schwartzkopf und Hentze.

Tips vom Start bis zum Ziel

Ausgangsort: Parkplatz „Im Druseltal" hinter der Senioren-Residenz.

Anfahrt: Straßenbahn Linie Nr. 3 oder Bus Nr. 12 bis Druseltal bzw. Luisenhaus.

Rückfahrt: Von Wilhelmsthal mit dem Bus, Kursbuch Nr. 5262 und 5200 (Achtung! Sonn- und Feiertag keine Verkehrsbedienung.)

Streckenlänge: Ca. 16 km.

Markierungen: Durchgehend □.

Parkmöglichkeiten: Entfällt, da Streckenwanderung.

Einkehrmöglichkeiten: Herkules, Elfbuchen, Erlenloch, Heckershausen, Wilhelmsthal.

Anmerkungen: Dank dem Hessisch-Waldeckischen Gebirgs- und Heimatvereins ist diese Wanderung hervorragend markiert, so daß ein Verlaufen beinahe unmöglich ist. Wer nicht bis Wilhelmsthal durchlaufen möchte, kann auch nur bis zum Herkules (Busverbindung nach Kassel) oder nach Heckershausen wandern (Kursbuch Nr. 5261 - 49).

Route 10: Streckenwanderung

Vom Essigberg zum "Erlenloch"

An einem frostigen schönen Tag haben wir diesen Spaziergang, mehr sind diese sieben Kilometer ja nun wirklich nicht, gemacht und haben dabei festgestellt, daß es selbst in der nächsten Umgebung Kassels werktags recht einsam sein kann. Sonntags freilich trifft man im Habichtswald doch immer wieder fleißige Wanderer, wenn man sich dabei auch durchaus nicht gegenseitig auf die Füße tritt. Unser Tip also: möglichst an einem Alltag losspazieren und die frische Waldesluft in vollen Zügen genießen.

Wegbeschreibung:
Von der Bushaltestelle aus gehen wir ein paar Schritte auf der Straße zurück und biegen dann nach links auf den geschotterten breiten Forstweg ein - Markierung ∧ weiß. Bald erreichen wir den Drahtzaun eines Militärischen Sperrgebietes, den wir nach rechts hin umgehen. Wir queren eine Panzerstraße und finden hier wiederum einen Wegweiser mit dem Rhombus, dem wir uns nun anvertrauen. Durch eine schöne Allee, dann durch Wald zum Silbersee und schließlich am Hühnerberg (496 m) entlang erreichen wir das "Erlenloch". Von hier aus ist es dann nur noch ein kurzes Stück hinüber zur B 251 und zur Bushaltestelle.

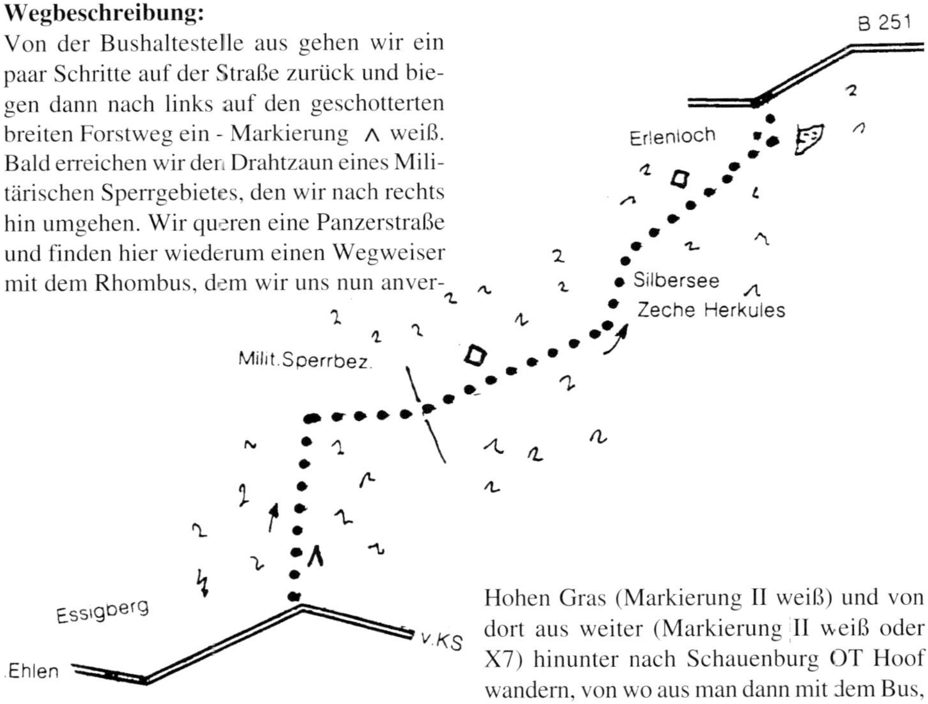

Tip: Wer vom Erlenloch aus starten will, der kann vom Essigberg aus hinüber zum Hohen Gras (Markierung II weiß) und von dort aus weiter (Markierung II weiß oder X7) hinunter nach Schauenburg OT Hoof wandern, von wo aus man dann mit dem Bus, Linie 11 bzw. 13, nach Kassel zurückfahren kann (4,5 bzw. 5,5 km mehr).

Wissenswertes:
Essigberg: Um 1740 Etzelberg genannt; Sendeturm - Baubeginn 1972, Fundament-Durchmesser 26,34 m, Tiefe 5,65 m, 130 t Baustahl, 1700 cbm Beton, Gesamthöhe 200,5 m, bis Abschlußplatte 163,5 m.
Silbersee: Basaltbruch.

Erlenloch: Restloch eines ehemaligen Steinbruchs. Dort Gaststätte gleichen Namens.

Habichtswald: Gehört zum Hessischen Bergland. Der Naturpark Habichtswald begrenzt die Stadt Kassel nach Westen. Er nimmt eine Fläche von gut 470 Quadratkilometern ein - 31 km erstreckt er sich von Nord nach Süd, 23 km von Ost nach West. Basaltdecken über braunkohlehaltigen tertiären Ablagerungen und einem Sockel aus Gesteinen des Erdmittelalters bilden den geologischen Untergrund des Berglandes, das am Rand in viele einzelne Kuppen aufgelöst ist. Der höchste Berg des Habichtswaldes ist das Hohe Gras mit 615 m, ihm folgt der Dörnberg mit 578 m.

Basalt wurde lange Zeit im Habichtswald abgebaut und in großen Mengen zu Splitt verarbeitet. Genaugenommen ist es nicht nur Basalt, sondern eine ganze Gesteinsfamilie: der blaugraue Feldspatbasalt, der klingende Phonolith (Klingstein) oder der sehr harte Tephrit, Gesteine, die hier in Lavaströmen bis zur Erdoberfläche emporgedrungen sind. Die Vulkanausbrüche ereigneten sich vor circa 3 bis 15 Millionen Jahren.

Im Jahre 1579 wurde im Habichtswald ein Braunkohlenflöz entdeckt, deshalb wurde vom damaligen Landgrafen Wilhelm IV. das "Ohmstoller Bergwerk" gegründet. In den letzten Jahrhunderten wurde im Habichtswald an verschiedenen Stellen Bergbau (Braunkohle) betrieben, wobei man früher im wesentlichen versuchte, die stellenweise auftretende Glanz- und Schwarzkohle zu gewinnen.

In dem 200 Meter mächtigen Komplex tertiärer Tone und Sandschichten liegen zwei Flöze eingebettet. Geologische Vorgänge haben eine erhebliche Zerstückelung des Gebietes verursacht, so daß sich der Bergbau immer in kleineren Stollen bewegt hat.

Frühere Bergwerke waren u.a. der „Rote Stollen" am Hohen Gras (1938 stillgelegt) und die Zeche Herkules (1950 stillgelegt).

Des niedrigen Heizwertes der Braunkohle wegen - durchschnittliche circa 2500 WE gegenüber bis 7500 WE bei Steinkohle - hat man versucht, das Rohprodukt zu veredeln, indem man grusige Braunkohle zu Briketts formte (seit 1860). Aber erst seit 1923 in größerem Umfange.

Versuche zur Schwelung von Braunkohle erfolgten im Habichtswald schon zu Beginn des 19. Jhs. in Kohlemeilern mit stückiger Braunkohle. Sie wurden jedoch bald mangels technisch geeigneter Einrichtungen wieder eingestellt.

Tips vom Start bis zum Ziel

Ausgangsort: Parkplatz auf dem Essigberg.

Anfahrt: Bis Druseltal mit der Straßenbahn Linie Nr. 3, dann Bus Linie Nr. 43 bis Essigberg.

Rückfahrt: Bus ab Station "Erlenloch", Kursbuch Nr. 42.

Parkmöglichkeiten: Entfällt, da Streckenwanderung.

Streckenlänge: ca. 7 km.

Markierungen: Anfangs ^ weiß, dann Rhombus weiß.

Einkehrmöglichkeiten: Gaststätte "Erlenloch".

Anmerkungen: Die Wege sind alle gut zu begehen. Im "Erlenloch" ist der Montag Ruhetag.

Route 11: Rundwanderung

Unterwegs am Fuße des Hirzsteins

Unser heutiger Vorschlag ist eine etwa zweistündige, nicht allzu beschwerliche Wanderung, die man geruhsam an einem schönen Vor- oder Nachmittag machen kann. Bänke gibt es nur im Bereich der sieben Teiche und ziemlich am Ende der Wanderung vor dem Artillerieweg. Wir hoffen, daß auch Sie Freude haben an diesem Ausflug.

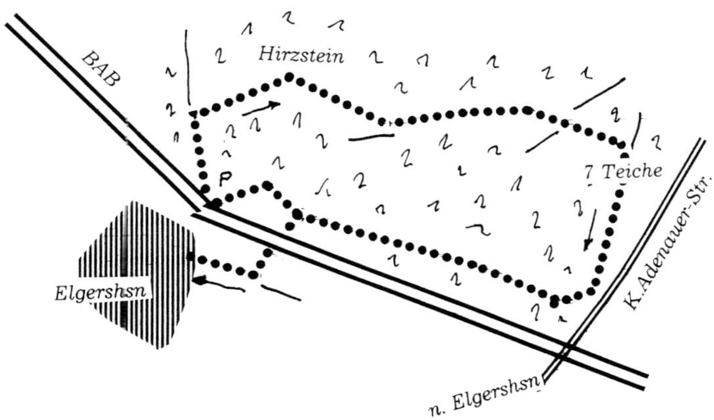

Wegbeschreibung:

Von der Bushaltestelle aus gehen wir in Fahrtrichtung weiter auf der Korbacher Straße und biegen hinter dem Gasthaus Stock nach rechts in die Hirtenstraße ein, die uns über die Bauna hinauf zur Autobahnbrücke führt, wo wir links einen Parkplatz mit einer Orientierungstafel finden. Von hier aus folgen wir der Markierung 55 gelb und kommen so auf der Asphaltstraße zum Waldrand unterhalb des Hirzsteins. Hier verlassen wir die Markierung nach rechts und folgen einem Weg an einem Holzzaun entlang unterhalb des Hirzsteins, der sich links von uns auftürmt. Von einem kleinen Plateau rechts aus hat man einen schönen Blick ins Baunatal. Unser Weg schlängelt sich durch lichten Wald (Achtung! Nichts pflücken! Naturschutzgebiet!) und erreicht schließlich nach rechts hin einen breiten Forstweg, dem wir nun nach links folgen. So kommen wir zum sogenannten Artillerieweg, den wir nach links hin kreuzen, um uns nun der Markierung A weiß anzuvertrauen. Über eine Treppe gelangen wir zu den 7 Teichen, wo wir auf einer Bankgruppe, falls gewünscht, eine kurze Rast einlegen können. Der weiße Rhombus leitet uns dann nach rechts weiter durch den schönen Wald zu einer Waldstraßenkreuzung, an der der Rhombus nach links zum Baunsberg hin abschwenkt. Wir aber wenden uns nach rechts und wandern auf schöner Waldstraße bis zu einem Schild “Wasserschutzgebiet”. Wenn es nun zu matschig wird, sollten wir doch hier lieber nach links - Schranke - abbiegen, die BAB unterqueren und dann nach rechts Elgershausen - Wilhelmshöher Straße - ansteuern (am Wasserwerk an der Hirtenstraße dann nach rechts zum Parkplatz oder nach links hinab zur Bauna und Korbacher Straße mit der Bushaltestelle). Sonst aber bleiben wir auf dem Forstweg, marschieren am Kleinen Hirzstein - rechts - vorbei und schließlich am Waldrand - links Weiden - mit prachtvollem Blick ins Baunatal bis zum Artillerieweg (rechts am Waldrand zwei Bänke), der uns nach links schließlich an einem Wasserwerk (links) vorüber zum Parkplatz bzw. zur Hirtenstraße leitet, die uns den Weg hinab in den Ort und zur Bushaltestelle weist.

Wissenswertes:

Elgershausen: 1123 wird Egelmarshusen erstmals in einer Urkunde des Klosters Breitenau (b. Guxhagen) genannt. 1145 erscheint es als Edelgershusun in einer anderen Urkunde. 1252 wird der Ort mit Helgershusen, dann Elichershusen, 1345 Elgershusen und Egirshusen in einer Urkunde des Klosters Nordshausen bezeichnet. Die sogen. Hausendörfer (Endung -hausen) werden siedlungsgeschichtlich zur zweiten Siedlungsperiode in Nordhessen gerechnet (4.-8. Jh.). Bei den Hausen-Ortsnamen steht am Anfang des Namens ein männlicher Vorname, es ist der Name des Anführers der Siedlungsgemeinschaft. Bei Elgershausen hieß er Edelger oder Elger.

Die Schauenburger (Burg bei Hoof) hatten ihren Besitz im 13. Jh. Mainz überlassen, 1332 gab das Stift Mainz denen v. Dalwigk Burg und Gericht zu Lehen. 1459 stellten die v. Dalwigk dann die Dörfer des Gerichts unter den Schutz der hess. Landgrafen.

Zum Kasseler Amt "Baune" gehörten drei Schöppenstühle (Schöffe, ahd. sceffino = gestalten, vollbringen; im Mittelalter ehrenamtlicher Laienrichter, später dann in die Niedergerichtsbarkeit abgedrängt), zu denen Großenritte, Altenritte und Elgershausen gehörten. Bei der Kirche Dorfgerichtsplatz unter einer Lindengruppe. Die Lindengruppen wurden auch "Männerstatt" genannt und waren Mittelpunkte des dörflichen Lebens. Hier tagte u.a. eben auch das Schöffengericht. Jacob Grimm hat in seinen Deutschen Rechtsaltertümern im Kapitel Gerichtsort, Abschnitt Gericht unter Bäumen schon darauf hingewiesen, daß die Gerichtsstätte oft durch Eichen, noch häufiger durch Linden bezeichnet war. Häufig sind die Gerichtslinden am Kirchhof zu finden gewesen. Von alters her wurden rechtliche Abmachungen unter dem Gerichtsbaum geschlossen (z.B. 1264 unter der Linde sub tylia - in Kloster Haina). In Elgershausen steht unter den Linden am ehem. Kirchhof ein Steintisch mit Steinbänken. Kirche - frühgotischer Westturm Mitte 13. Jh., Haube 1842; Schiff mit Holztonne und Chor mit Rippengewölbe neugotisch 1881; Kanzelfuß ehem. Taufstein 15. Jh. Reste mittelalterlicher Kirchhofsmauern mit Portal um 1500.

Tips vom Start bis zum Ziel

Ausgangsort: Schauenburg OT. Elgershausen.
Anfahrt: Nichtmotorisierte - KNE-Bus, Linie Nr. 13 bis Elgershausen - Raiffeisenbank. Motorisierte - Brasselsberg, Konrad-Adenauer-Str., Hinter Autobahnbrücke nach links nach Elgershausen, Hirtenstraße nach rechts hinauf (Jägerhof-Schild) bis Autobahnbrücke, dahinter links ein Parkplatz.
Rückfahrt: Wie Anfahrt.
Parkmöglichkeiten: s.u. Anfahrt.
Streckenlänge: ca. 8 km.
Markierungen: Anfangs 55 gelb, dann keine; danach A weiß bis 7 Teiche, dann Rhombus weiß bis kurz vor der BAB, zum Schluß keine.
Einkehrmöglichkeiten: In Elgershausen.
Anmerkungen: Nur am Anfang geht es in Elgershausen bergan, danach ist das Gelände nur noch schwach hügelig. Z.T. nach Regen nicht schnell abtrocknende Wege. Zwischen Artillerieweg und 7 Teichen ist der Weg durch Holzabfuhr zerstört und nicht wiederhergestellt.

Immenhausen (rechts).

Die Sababurg (oben). Der Urwald im Reinhardswald (unten).

Blick auf Trendelburg (oben). Das Ackerbürgermuseum in Grebenstein (unten).

Wanderweg im Habichtswald (oben). Der Silbersee in der Gemeinde Habichtswald (unten).

Route 12: Streckenwanderung

Über den Dörnberg nach Zierenberg

Ja, es geht schon ein bißchen aufwärts am Dörnberg, wenn's auch nicht gerade wie in den Alpen ist. Wir haben die Wanderung an einem ziemlich heißen Tag gemacht und waren am Schluß trotzdem nicht allzu müde. Im Herbst macht's bestimmt wohl noch mehr Spaß.

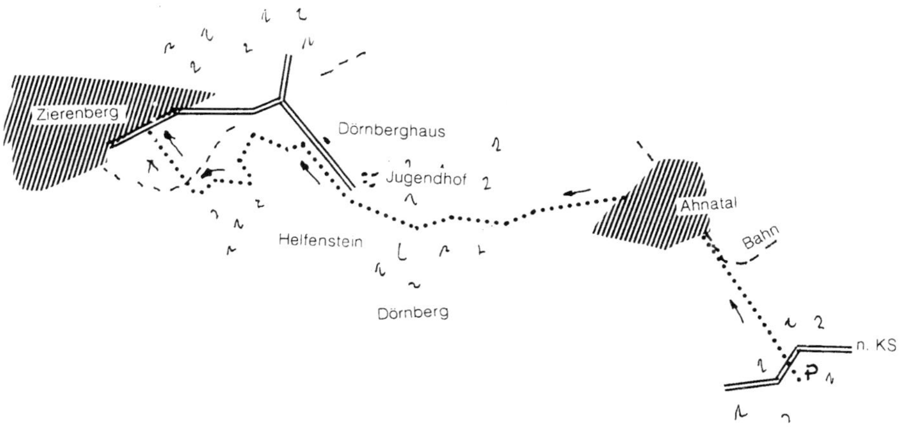

Wegbeschreibung:

Von der Bus-Haltestelle an der B 251 „Erlenloch" gehen wir ein Stück zum Parkplatz zurück, überqueren ihn (so müssen wir nur ein paar Schritte auf der Bundesstraße spazieren), dann auch die B 251 und folgen nun unserer Markierung in den Wald hinein.

Von dem bald erreichten Waldrand aus hat man einen hübschen Blick vorwärts nach Weimar. Weiter nun durch die Felder auf der Landwirtschaftsstraße - rechts Apfelbäume, bald auch eine Bank - Richtung Weimar, vor der Eisenbahnbrücke nach links über die Ahnebrücke zum Ort hin - rechts die Bahn. Am Bahnhof vorbei (rechts) kommen wir zur Bahnbrücke, wo wir nach links abbiegen, um dann sofort in die erste Straße (Neue Straße) nach rechts zu schwenken.

Unsere Markierung leitet uns nun nach links durch den Seesenweg - an seinem Ende links ein hübscher Kinderspielplatz - über einen asphaltierten Feldweg - Ruhebänke - durch die Felder in Richtung Dörnberg. Bald tauchen wir in den Wald ein, wandern auf einer Schotterstraße bergauf, an einer Wegekreuzung dann nach links und haben unterhalb der Helfensteine nach rechts einen besonders schönen Blick in die nordhessische Landschaft.

Durch ein Drehgatter gelangen wir auf die Hute und wandern am Zaun entlang bis zum Drehkreuz am Parkplatz „Dörnberghaus". Wer will, kann hier rasten. Sonst marschieren wir weiter am Zaun entlang bis zum Ende der Hute - Drehkreuz - und erreichen so den Eingang zum Naturschutzgebiet Dörnberg. Ab hier folgen wir der Markierung „2, gelb" bzw. „Dreieck, weiß“. Auf dem „Alpenpfad“ geht's ein Stück weit, dann nach rechts über Treppen hinab und nach links auf dem „Jägerpfad“ unterhalb des Dörnbergs bis zu „Giesekes Ruhe“ (angezeigt!) auf dem Kranbeulen, von wo aus man einen schönen Blick auf unser Wanderziel, Zierenberg, hat. Nun müssen wir hinab zur Bahntrasse, hinter der Unterführung sofort nach links und an Koppeln entlang - nicht nach rechts zum Aussiedlerhof hin! - bis zu einer Treppe, die nach rechts am Campingplatz vorbei hinabführt. Auf der Campingplatz-Zufahrtsstraße erreichen wir schließlich dann Zierenberg.

Wissenswertes:

Weimar: 1097 Wimar genannt; Kirche - Der ehem. Patron war das St.-Martins-Stift zu Cassel. 1107 übergab der Edle Ditmar Ort und Kirche dem St.-Alban-Stift zu Mainz, von dem sie später an das Kloster Ahneberg übergingen. Das romanische Schiff wurde in spätromanischer Zeit - 13. Jh. - fast auf die doppelte Länge erweitert. Ein damals geplanter nördlicher Querarm kam nicht zur Ausführung. Von der auf vier Joche vorgesehenen spätromanischen Einwölbung wurden nur die rechteckigen Wandvorlagen und die breiten Spitzbögen der Vierung mit einfachen Kämpferprofilen verwirklicht. Das heutige Rippengewölbe zog man erst im 15. Jh. ein. Das Südportal entstand um 1500, der jetzige nördliche Queranbau in Fachwerk 1816. Der Turm mußte, da baufällig, 1906 neu errichtet werden: Spitzdach und vier Wichhäuschen. Im Langhaus und Chor Spuren von Wandmalereien; Steinkanzel 15. Jh., Orgel Ende 18. Jh. Falls Kirche geschlossen, Schlüssel im gegenüberliegenden Pfarrhaus holen.

Badesee Bühl: Eine abgebaute Basaltkuppe, jetzt mit Wasser gefüllt, und als Badesee genutzt. Daneben ein Campingplatz.

Der Dörnberg: Am Nordende des Habichtswaldes gelegen; Basalt auf Muschelkalk-Sockel, 579 ü.NN, umgeben von Basalt-Felsgebilden: Im N die Helfensteine und die Immelburg, im NO der Hangarstein, im O der Hohlestein, im SO der Katzenstein, im NW die Wichtelkirche. Auf dem Dörnberg legte 1071 Kaiser Heinrich IV. ein befestigtes Lager gegen den auf dem Hasunger Berg lagernden Otto v. Northeim an. Das Naturschutzgebiet wurde 1978 mit einer Größe von 110 ha ausgewiesen; der Kalkmagerrasen ist hier charakteristisch.

Zierenberg: 1298 Thirberg; um 1200 von Landgraf Heinrich I. gegründet, 1386 an Mainz verpfändet, 1470 wieder hessisch. 1538 bis auf die Kirche und ein Haus niedergebrannt, weitere Brände im 17. Jh. und 1707, regelmäßiger rechteckiger Stadtplan. Kirche - 1293-1343 erbaut, davon Chor und Westturm erhalten, Langhaus um 1430, spätgotische Hallenkirche, im Chor und Langhaus gotische und spätgotische Wandmalereien (15. Jh.), Sakramentsnische 15. Jh., Kanzel um 1700, Orgel 1757.

Rathaus - spätgotischer Fachwerkbau, 1450. In der Stadt zahlreiche Fachwerkhäuser des 17. und 18. Jhs., vielfach mit Giebel zur Straße; Stadtbefestigung erhalten: nördlich der Stadt ein runder gotischer Wartturm.

Tips vom Start bis zum Ziel

Ausgangsort: Parkplatz „Erlenloch“ an der B 251.
Anfahrt: Mit dem Bus ab Kassel, Kursbuch Nr. 5260 (42).
Rückfahrt: Ab Zierenberg, Kursbuch Nr. 612 oder Nr. 5261 (49).
Streckenlänge: Ca. 12 km.
Markierungen: Anfangs „Umgekehrtes T, weiß“, ab Dörnberghaus „2 gelb“ bzw. „Dreieck weiß“.
Parkmöglichkeiten: Entfallen, da Streckenwanderung.
Einkehrmöglichkeiten: Weimar, „Dörnberghaus“ (Montag Ruhetag, sonst geöffnet ab 11 Uhr), Zierenberg.
Anmerkungen: Die Wege sind durchweg gut zu begehen; am Dörnberg nur auf markierten Wegen gehen!

Route 13: Streckenwanderung

Von Liebenau bis nach Zierenberg

Unser heutiger Vorschlag ist nun wirklich nur etwas für ganz ausgebuffte Marschierer. Und das nicht nur allein der Länge wegen, sondern auch weil es bergauf und bergab geht. Zünftige Wandersachen sind obligatorisch. Und nun: Auf, auf, du froher Wandersmann.

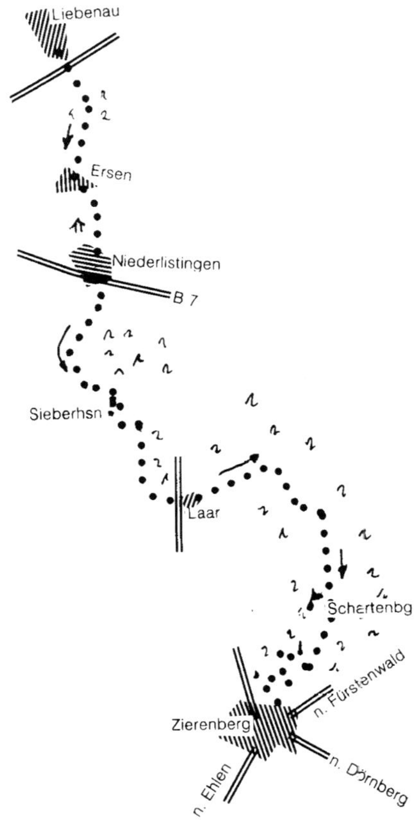

Wegbeschreibung:
Am Bahnhof Liebenau zeigt uns das "F weiß" den Weg über eine Fußgängerbrücke über die Bahnlinie, dann zwischen Hopfenberg und Lied hinauf, in das Petersholz und schließlich wieder hinab nach Ersen, das wir durchwandern. Am Waldrand des Wolfslohs müssen wir weiter - ca. 500 m nach rechts, um danach durch das Waldgebiet - am Sportplatz vorbei - Niederlistingen zu erreichen. Hier unterqueren wir die B 7, umwandern westlich das Waldgebiet Igelsbett mit dem 347 m hohen Königskopf, passieren Gut Sieberhausen und steigen hinab in das Quellgebiet eines kleinen Baches. Hier kreuzen wir den Langen Grund - rechts -, marschieren durch die Felder bis zum Waldrand und an diesem entlang - rechts der Basaltkegel der Malsburg - bis wir auf die Markierung X 6 stoßen, die von rechts - von Breuna - herkommt. Sie und unser F führen uns hinab zum Gut Laar im Warmetal. Nachdem wir das Gut durchquert haben, steigen wir ca. 1,5 km aufwärts, dann biegt unser F nach rechts ab. Über den Höhenzug Hirschköpfchen (331 m) kommen wir zum Schartenberg (404 m) mit der Ruine der Schartenburg und schließlich zum Kleinen Schrekkenberg. Ab hier vertrauen wir uns der neuen Markierung • weiß an. Sie führt uns hinüber zum Aussichtsturm auf dem Großen Schreckenberg und dann über die sogen. Blauen Steine hinab nach Zierenberg, unserem heutigen Ziel.

Wissenswertes:
Liebenau: 1293 Levenowe genannt; in diesem Jahr übertrug Ritter Hermann zum Desenberg, gen. Spiegel, "castrum Levenowe una cum oppido" dem Grafen Otto v. Waldeck (1271-1305, Linie Waldeck) und erhielt alles von dem wieder als Lehen zurück. Um 1290 Stadtrechte. Da im Interessenschnittpunkt zwischen Paderborn, Wal-

deck und Hessen oftmaliger Besitzerwechsel; 1465 im Krieg zwischen Paderborn und Hessen von letzteren zerstört. 1471 endgültig an Hessen. Im 30j. Krieg mehrmals schwer geschädigt. Die v. Pappenheim, erstmals 1323 genannt, sind noch heute in Liebenau ansässig. Die Burg der Spiegel zum Desenberg im 16. Jh. verfallen. Kirche - frühgotischer Chorturm, 13. Jh.; an Ost- und Südseite spätgotisches Maßwerkfenster, 15. Jh.; Fachwerkoberbau und Laternenhaube, Mitte 18. Jh.; Schiff im 13. Jh. erweitert und 1750 umgestaltet; im Chor gotische Wandmalereien (Apostel, Marienkrönung, Himmelfahrt Mariens u.a.), weitere Reste im Schiff (hl. Johannes, hl. Hieronymus u.a.); Kanzel Mitte 17. Jh. ehem. Burgsitz - (v. Pappenheim), neben der Kirche, barockes Herrenhaus mit Mansarddach, Anbauten 19. Jh. Altes Rathaus - aus 1787, dreigeschossig mit Mansarddach. Im Ort mehrere Fachwerkhäuser mit niedersächsischem Einschlag und geschnitzten Portalen.

Ersen: 1432 Essen, 1582 Ersen genannt; gehörte den v.d. Malsburg. Kirche - aus 1773 (Vorgängerbau?). Spitzname der Ersner: "Die Kuckucks".

Niederlistingen: Kirche - 1821, klassizistischer Saalbau mit Dachturm.

Sieberhausen: 1210 Sibugshusen; um 1000 wohl im Besitz eines Grafen Balderich, bis 1781 Rittergut der v.d. Malsburg, Herrenhaus um 1800, Seitenflügel um 1830, Torbau 17. Jh.

Gut Laar: 938 Larun; 1322 Besitz v. d. Malsburg. Hof Ende 17. Jh. an die hess. Landgrafen, Herrenhaus 1693. Auf der nördl. Höhe karolingische Ringwallanlage.

Schartenburg: 1124 Scarpenberg genannt. Doppelburg über dem Warmetal, beherrschte die von Kassel nach Westfalen vorbeiführende Straße und war Mittelpunkt der Grafschaft Meiser-Schartenberg. 1124 von Graf Volkold v. d. Malsburg dem Bischof von Mainz zu Lehen aufgetragen. Der auf der Burg verbliebene Familienzweig nannte sich seit etwa 1194 v. Schartenburg. Die kleinere Burg seit 1213 mainzisches Lehen der Groppe v. Gudenberg (b. Zierenberg). 1267 kaufte Paderborn beide Burgen und einigte sich mit Mainz über hälftige Lehenshoheit. Etwa 1270 eroberte der Landgraf v. Hessen die Burgen. 1307 Kauf durch Hessen. Seit Anfang 16. Jh. Verfall. 1565 war Hermann v. d. Malsburg letzter Pfandbesitzer. Vor der Burg tagte das Freigericht, das sich Landgraf Hermann von Kaiser Wenzel 1385 erwirkt hatte. Erhalten ist vor allem der Bergfried.

Zierenberg: Siehe Route 12.

Tips vom Start bis zum Ziel

Ausgangsort: Liebenau.

Anfahrt: Mit der DB bis Hofgeismar, Kursbuch Nr. 430, dann bis Liebenau-Bahnhof mit Bus, Kursbuch Nr. 5201.

Rückfahrt: Ab Zierenberg mit der DB, Kursbuch Nr. 612 oder mit Bus, Kursbuch Nr. 5261 (49).

Parkmöglichkeiten: Entfällt, da Streckenwanderung.

Streckenlänge: ca. 25 km.

Markierung: F, ab Kleinen Schreckenberg • weiß.

Einkehrmöglichkeiten: Liebenau, Ersen, Niederlistingen, Zierenberg.

Anmerkungen: Wie beim Hessisch-Waldeckischen Gebirgsverein üblich, ist der Weg vorzüglich markiert. Es empfiehlt sich, etwas Trinkbares mitzunehmen, da es zwischen Niederlistingen und Zierenberg keine Einkehrmöglichkeit gibt.

Route 14: Rund- oder Streckenwanderung

Wanderung zur Quelle der Elbe

Keine Sorge. Wir entführen Sie nicht ins Riesengebirge, wo ja der Strom "Elbe" entspringt. Unsere Elbe, ein nicht schiffbarer Bach, entspringt unterhalb des 450 m hohen Hammelrücks und fließt schließlich bei Fritzlar in die Eder. Zudem machen wir heute sowohl den Nichtmotorisierten als auch den Motorisierten jeweils einen Vorschlag, denn auch in Sachen "Ausgangsort Freienhagen" heißt es leider bei der RKH "sonntags nie"! Wer also wochentags wandern will bzw. kann, folge unserem Vorschlag "Streckenwanderung", wer sich nur sonntags wandernd "verlustieren" kann, sollte mit dem Wagen "anreisen" und die Rundwanderung machen. Natürlich schließt eines das andere nicht aus. Auf jeden Fall, dessen sind wir sicher, werden Sie wieder ein schönes Stück Nordhessens erleben und sich daran erfreuen.

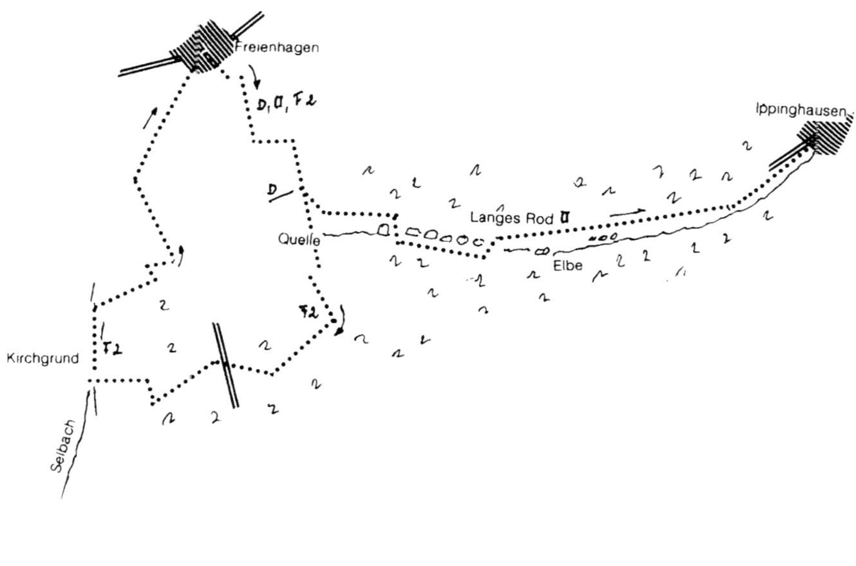

Wegbeschreibung:

Rundwanderung - Vom Parkplatz aus gehen wir an der Orientierungstafel vorbei zur B 251 zurück, biegen hier nach rechts ab, schwenken hinterm Landgasthof Krause nach links (Markierungen D und □), kommen so zur Südstraße, auf der wir nach rechts wieder ein nur kurzes Stück gehen, um dann nach links in den Hainbuchenweg zu wandern. Unten im Tal finden wir das erste Mal links an einem Bretterzaun unsere Markierung F 2 gelb. Sie führt uns sicher durch die Felder über den Georgen-Graben (zusammen mit D und □) zum Waldrand unterhalb des 434 m hohen Mittelrücks, an diesem entlang in ein nächstes Tal und weiter an einer Hütte (links) vorüber (danach verlassen wir die Markierung D und □) zur Elbequelle. Nun geht´s in den Wald hinein, bald queren wir die Markierung D (nach ca. 1,1 km), erreichen dann die Straße Freienhagen/Netze (L

3083), die wir überschreiten. Unterhalb des 467 m hohen Heitzelberges wandern wir durch die Wälder, treffen im Kirchgrund auf den querlaufenden Waldecker Weg (Hessenweg 4) mit der Markierung W, dem wir ca. 500 m nach rechts folgen, um dann nach rechts zur Selbachquelle einen Umweg zu machen. Schließlich schwenkt dann unsere Markierung nach links wieder auf das W ein. Beide führen uns nun sicher wieder hinauf zur Stadt Freienhagen.

Streckenwanderung - Bis zur Elbequelle folgen wir erst einmal der Markierung F 2 gelb. Von der Quelle aus gehen wir dann ein Stück wieder am Waldrand zurück (ca. 400 m) und biegen dann nach rechts auf die Markierung □ ein. Bei den Fischteichen queren wir die Elbe, wandern im Walde weiter, queren am letzten Teich wiederum die Elbe und marschieren links des Baches durchs Lange Rod unterhalb des Kriechholzes - ev. über den rechtselbischen Lehrpfad - an der Hasenmühle vorbei unterhalb der Weidelsburg nach Ippinghausen.

Wissenswertes:

Freienhagen: Vrienhayn erstmals 1253 als Stadt genannt. Besitz der Waldecker Grafen. Erster geschichtlich bekannter Freienhäger ist der iudex (Richter) Albert in "Vriegenhagen" 1251. Ort bestand jedoch bereits früher - urkundliche Erstnennung. Günstig am Verkehrskreuz der bedeutenden Westoststraße Köln-Kassel-Leipzig und einer von Fritzlar nach Marsberg (Eresburg), Rhoden und Landau - Warburg ziehenden Südnordstraße gelegen. Sitz eines bedeutenden, 1371 zuerst urkundlich bezeugten Freigerichts (Ding, Thing, der Freien, die mehrmals im Jahr in einem Freigericht, dem vrigedinch, unter Vorsitz des Grafen als Verwahrers der freien Güter zusammenkommen; gebräuchlichste Bezeichnung „Freistuhl", auf dem der Graf saß, um im Namen und beim Bann des Königs - regio banno 1225 - als des höchsten Stuhlherrn Recht zu sprechen). Im heutigen Waldeck gab es 9 Freistühle. Vor den Freienhäger Richterstuhl wurden u.a. der Deutsche Ritterorden und die mächtigen Städte Frankfurt/M. und Köln geladen. Von 1411-1502 ist in der Stadt ein kleines Wilhelmitenkloster (Eremiten-Kongregation, benannt nach dem hl. Wilhelm von Maleval (Italien), gest. 1157). Kirche - St. Peter u. Paul, romanische Wehrkirche, Beginn um 1120, um 1300 vollendet, 100 Jahre später nach Dachstuhlbrand erneuerungsbedürftig, Wilhelmiter Mönche renovierten sie. Ihr kleines Kloster stand dort, wo sich heute das Pfarrhaus erhebt; frühgotisches Turmuntergeschoß; Kirchenraum: Typ der westfälischen Hallenkirchen, schiefer Winkel zwischen den Achsen des Chorraums und denen des Langhauses (Erinnerung an das geneigte Haupt des Gekreuzigten). Wände aus dem 13. Jh., ebenso die Säulen, gotisches Innengewölbe um 1420.

Ippinghausen: 1120 Yponhuson genannt; 1445 wüst, in der ersten Hälfte des 16. Jhs. neubesiedelt; an der Elbe, nördlich der Weidelsburg gelegen. Kirche aus 1772-73, Saalbau, Kanzel von 1650 hinter der Altarmensa von 1773. Steinbrücke über die Elbe aus 1782.

Tips vom Start bis zum Ziel

Ausgangsort: Freienhagen (Stadtteil v. Waldeck).
Anfahrt: Für Nichtmotorisierte - Bus ab Kassel-Hbf., Kursbuch Nr. 5260 (42). Für Motorisierte - B 251 über Dörnberg, Istha, Ippinghausen.
Rückfahrt: Für Nichtmotorisierte - ab Ippinghausen mit Bus, Kursbuch Nr. 5260 (42). Für Motorisierte - wie Anfahrt.
Parkmöglichkeiten: An der Kirche in Freienhagen.
Streckenlänge: Rundstrecke - ca. 9 km; Streckenwanderung nach Ippinghausen - ca. 10 km.
Markierungen: Rundstrecke - F 2 gelb; Streckenwanderung - zuerst D., dann □.
Einkehrmöglichkeiten: Freienhagen, Ippinghausen.

Anmerkungen: Bus-Verkehr nach Freienhagen leider nur bis einschl. Samstag. Sonn- und feiertags keine Verbindung. Wer dann dort wandern will, muß die Anfahrt mit eigenem Pkw machen. Allgemein gute Markierung. F2 gelb allerdings erst im Tal, daher bis dort an Markierung D orientieren. Die Tafel am Parkplatz zeigt zwar den Verlauf an, weist jedoch am Anfang des Weges keine Markierung auf.

Beim Verkehrsverein im Gasthaus „Diana" (bei der Kirche) kann man eine gute, amtliche Wanderkarte "Waldeck am Edersee", 1:25000, kaufen.

Route 15: Streckenwanderung

Übern Erdfallskopf nach Naumburg

Nehmen Sie sich für diese Wanderung einen ganzen Tag Zeit. Es lohnt sich. Wenn Sie nicht lauthals redend dahinmarschieren, werden Sie sicher auch allerlei Getier sehen. Genießen Sie die Stille in der Natur, die wir Stadtmenschen ja kaum noch kennen.

Wegbeschreibung:
Gegenüber der Ippinghausener Kirche führt die Berghofstraße den Hang hinauf. Hier finden wir unsere Markierung X 13. Sie leitet uns unterhalb des Berges mit der Weidelsburg bis zum Parkplatz und dann weiter bis zu einer Abzweigung, die uns hinauf nach rechts zur Burg bringt. Diesen kleinen Aufstieg sollten wir schon machen, denn der Blick von dem zu besteigenden Wohnturm ist einfach großartig. Eine Tafel im Burggelände erzählt uns einiges über die Entstehung der Burg. Wir steigen nun auf gleichem Wege wieder hinab zu unserer Markierung X 13 und vertrauen uns ihr nach rechts weiter an. Am Rande einer Lichtung kommen wir wieder in den Wald, bis wir schließlich auf die Markierung D treffen, die quer verläuft. Hier verlassen wir X 13 nach links, bald dann auch den Forstweg, müssen geradeaus - Markierung an einem Baum - durchs Gras auf schmalem Pfad, kommen so wieder an eine Forststraße, finden links eine Hütte und erreichen schließlich eine Lichtung, über die eine Hochspannungsleitung hergeht. Hier haben wir nach rechts einen prachtvollen Blick hinüber nach Waldeck mit seiner Burg. Auf breiter Forststraße geht's nun weiter, wir queren schließlich eine asphaltierte Straße - rechts bereits die L 3215 - und wandern querbeet, immer dem D nach durch den Wald, bis wir an der L 3215 angelangt sind. Wir kreuzen diese, schwenken auf der anderen Seite sofort hinter der Bank nach links - jetzt Markierung X 7 - und wandern, immer an der Landstraße, aber im Walde, später am Sportplatz vorbei und zum Schluß ca. 1 km auf der Straße zu unserem Ziel, Naumburg, hin.

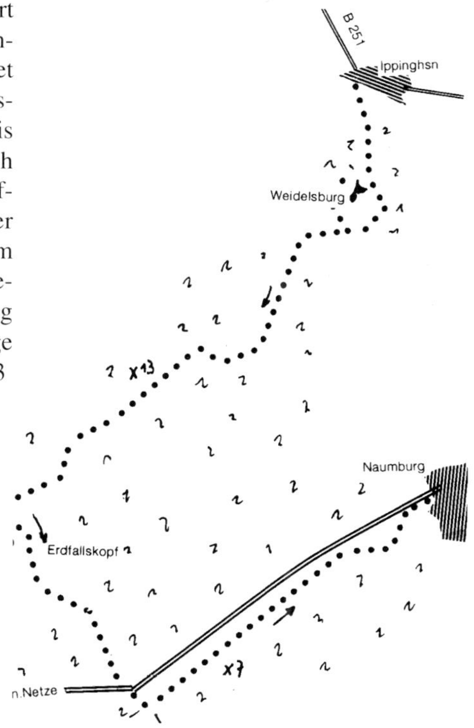

Wissenswertes:
Ippinghausen: 1120 Ypponhuson genannt. Kirche aus 1772-73, Kanzel von 1650 hinter der Altarmensa von 1773. Der Ort wurde 1435 als wüst bezeichnet und erst in der 1. Hälfte des 16. Jahrhunderts neu besiedelt.
Weidelsburg: Größter und besterhaltener Burgenbau Niederhessens auf einem Basaltkegel gelegen. 1240 Wedelberg genannt. Die ersten Besitzer sind unbekannt. Sie gründeten von hier aus im 12. Jahrhundert die „Nuwe Burg" (Naumburg), nach der sie sich später nannten. 1266 Verkauf an Mainz, 1273 Eroberung und Zerstörung durch Hessen. 1379 von Mainz an Hessen abgetreten, das eine neue Doppelburg errichtete. Unfertig nach dem Vertrag mit Mainz von 1382 wieder niedergelegt und von Mainz 1398 weitergeführt. Im 15. Jahrhundert an Hessen, 1437 hessisches Lehen der v. Dalwigk und v. Hertingshausen. Seit dem 16. Jahrhundert Ruine. Am Nordtor der Burg Relief mit Bezug auf die Weidelsburger Weibertreue-Sage. Ritter Dalwigk und sein Neffe Friedrich v. Hertingshausen waren rechte Raubritter. 1443 zogen deshalb Mainz und Hessen vor die Weidelsburg. In höchster Not bat Agnes, die Frau Reinhards v. Dalwigk, den Landgrafen um Gnade. Sie und die Dienerinnen durften dann auch frei abziehen und mitnehmen, was ihnen am liebsten war. Daraufhin schleppten die Frauen ihre Männer aus der belagerten Burg. Da die Ritter aber ihr Unwesen weiterhin fortsetzten, eroberten die hessischen und mainzischen Truppen 1448 noch einmal die Burg. Reinhard mußte auf die Naumburg ziehen, wo er 1459 (oder 1461) arm und geächtet starb.
Burggaststätte sonntags geöffnet.
Naumburg: Burg und Siedlung von den zuerst 1170 bezeugten Grafen v. Naumburg (s. Weidelsburg) angelegt. Stadtrechte im 13. Jh., 1266 an Mainz verkauft, 1272 von Hessen erobert und zerstört. Bis ins 15. Jahrhundert von beiden Mächten umstritten. 1345 zum Teil, 1544 ganz an Waldeck. 1588-1802 mainzisch, dann hessisch. Kirche - gotische, dreischiffige Hallenkirche mit überhöhtem Mittelschiff, Turm 1512, nach Stadtbrand 1684 erneuert, barocke Turmhaube. In der Kirche rechts vom Chor die Naumburger Madonna, 14. Jh. Ehemalige Burg - auf der Höhe westlich der Stadt. Nach Zerstörung 1626 als Steinbruch benutzt. Ehemaliger Renthof - um 1690, Steinbau aus dem Material der Burgruine (heute Gasthaus).

Tips vom Start bis zum Ziel

Ausgangsort: Ippinghausen an der B 251.
Anfahrt: Mit dem Bus ab KS-Hbf., Kursbuch 5260 (42).
Rückfahrt: Ab Naumburg Linie 11 oder 13 bis Kassel.
Parkmöglichkeiten: Entfällt, da Streckenwanderung.
Streckenlänge: Ca. 20 km.
Markierungen: Anfangs X 13, ab Erdfallskopf D, ab Landstraße L 3215 (Netze/ Naumburg) X 7.
Einkehrmöglichkeiten: Ippinghausen, Naumburg.
Anmerkungen: Die Wanderung kann auch an einem heißen Sommertag gemacht werden, da man fast ausschließlich im Wald läuft. Etwas Trinkbares sollte man allerdings dabei haben. Empfehlenswert die Amtliche Wanderkarte „Waldeck am Edersee", 1:25 000, erhältlich im einschlägigen Buchhandel.

Route 16: Streckenwanderung

Vom Herkules nach Wolfhagen

Die heutige Wanderung hat's mit ca. 26 Kilometern schon ein bißchen in sich. Sie ist zweifellos etwas für ausdauernde Wanderer. Wer nicht bestens zu Fuß ist, sollte es lieber lassen oder irgendwo dazwischen, wenn die Füße nicht mehr wollen, die Tour abbrechen. Also: Seien Sie ein wenig vorsichtig. Vor allem nehmen Sie sich etwas Trinkbares - am besten Mineralwasser - mit.

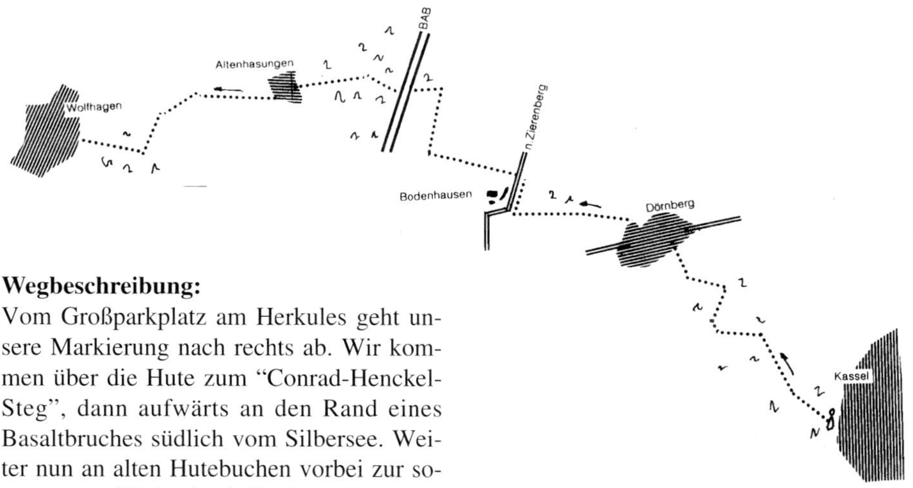

Wegbeschreibung:
Vom Großparkplatz am Herkules geht unsere Markierung nach rechts ab. Wir kommen über die Hute zum "Conrad-Henckel-Steg", dann aufwärts an den Rand eines Basaltbruches südlich vom Silbersee. Weiter nun an alten Hutebuchen vorbei zur sogenannten "Kaiserbuche", einem herausragenden Baum und hinab nach Dörnberg. Durchs Dorf führt unser Weg rechts der Straße zum Waldrand, die Ölmühle an der Warme lassen wir rechts liegen, queren den Bach und kommen zum Gut Bodenhausen. Auf der Straße Richtung Zierenberg gehen wir am Park entlang und schwenken dann hinter den Parkteichen nach links ab. Aufwärts marschieren wir nach rechts durch die Felder, müssen dann nach links zur BAB-Unterführung, die wir durchschreiten, um nun auf den Sattel zwischen Rohrberg (517 m, links) und Bärenberg (599 m, rechts) zu steigen, der Kattenstein genannt wird. Wir wandern zum Waldrand und hinunter, am Sportplatz vorbei, nach Altenhasungen, wo wir vor der Erpe nach rechts weiter müssen. An der Erpe entlang, die Rasenmühle bleibt rechts, steigen wir aufwärts zum Ofenberg und von dort hinab nach Wolfhagen.

Wissenswertes:

Herkules: Plan zu einem Barockpark geht auf Landgraf Carl (1670-1730) zurück. 1701 Berufung des italienischen Architekten Giovanni Francesco Guerniero nach der Italienreise Carls 1699-1700. Ein Drittel des Gesamtplans (oberster Abschnitt bis Neptunbassin) wurde nur fertig, bekrönt vom Riesenschloß, dem Oktogon (65 m ohne Figur hoch), auf dessen pyramidenförmiger Spitze die Nachbildung des fanesischen Herkules (9,20 m hoch) steht, 1713-17 von dem Augsburger Joh. Jack Anthoni geschaffen, Oktogon 1718 vollendet.

Conrad-Henkel-Steg: Benannt nach dem 1961 verstorbenen Wanderwart des Hessisch-Waldeckischen Gebirgsvereins.

Silbersee: Ein aufgelassener ehemaliger Basaltbruch.

Igelsburg: Kleine Basaltkuppe, Reste frühgeschichtlicher Befestigungen, Spuren einer Burganlage (1571 und 1686 genannt).

Waldgaststätte **Kaiserbuche:** Naturdenkmal; die 500 Jahre alte Buche wurde 1985 von einem Sturm entwurzelt.

Dörnberg: 1074 Thuringiberge genannt; 1392 als landgräfliches Dorf bezeichnet. Ortsadel erscheint ab 1140. Kirche - vom romanischen Bau der Westturm und Mauern des 1508 und 1588 erneuerten flachgedeckten Schiffes erhalten. Im Ort Fachwerkhäuser im sächsisch-fränkischen Mischstil mit Stall und Scheune unter einem Dach. Traufe zur Straße, meist 18. Jh.

Gut Bodenhausen: Um 860 bestand hier bereits ein kleines Gut, 1088 wurde es Bontinhusen, 1234 Bodenhosen genannt. 1239 muß ein Dorf dagewesen sein, 1355 spricht man von einem Hof. 1510 gehört Bodenhausen dem Kloster Hasungen, nach dessen Säkularisierung es 1539 an den Kammerschreiber Chr. Scherer kam. Danach mehrfacher Besitzwechsel. Ehemals wasserumwehrter Hof. Stattliches Torhaus. Unterbau und Durchfahrt 1649. Fachwerkaufbau und Dach 1834 erneuert. Herrenhaus 1660, im 19. Jh. verändert, die beiden Obergeschosse in Fachwerk.

Altenhasungen: 1325 Alden Hasungen, 1334 Niedernhasungen genannt. Kirche - bereits 1074; aus romanischer Zeit der Westturm, ehemaliger Wehrturm, spätgotischer Spitzhelm; das im Kern romanische Schiff 1740 erneuert und mit dreiseitigem, innen rundem Schluß versehen. Romanisches Türsturzrelief (Hirsch und Hirschkuh zu seiten eines Kreuzes), 12. Jh. Steinkanzel 1702.

Ofenberg: 373 m hoch.

Wolfhagen: 1231 Wolfhayn; Stadt entstand um 1226 im Schutz einer Anfang des 13. Jh. durch Landgraf Ludwig v. Thüringen angelegten Burg. Befestigung 1302 vollendet und 1348 durch eine Landwehr (Grenzwall) mit Warttürmen verstärkt, 1632 fast völlig niedergebrannt. Planmäßige Stadtanlage mit einer durchgehenden Hauptstraße. Kirche - Reste der 1235 geweihten Kirche erhalten (Triumphbogen mit Wulstkämpfern). Langhausneubau 13. Jh., Westturm 14. Jh., Marienkapelle an der Chornordseite 1389 geweiht, Chorneubau 15. Jh., Turmhelm 1561. Hallenkirche. Sakramentsnische um 1420. Grabdenkmäler 16. und 17. Jh. Hospitalskapelle - jetzt Totenkapelle, 1337 geweiht, gotischer Bau. Ehemalige Burg - im 16. Jh. verfallen, aus den Trümmern zwei Zehntscheunen erbaut (1513), im 19. und 20. Jh. mehrfach umgebaut, seit 1889 Verwaltungsgebäude. Im Rentamt Regionalmuseum (geöffnet: Mi., Do. 14-17 Uhr. So. 15-18 Uhr): Vor- und Frühgeschichte, Stadtentwicklung, Zünfte, Alltagskultur usw.). Rathaus - massives Erdgeschoß und zwei vorkragende Fachwerkobergeschossen, 1657-59, Wappentafel 1600. Alte Wache - heute Stadtcafé, Fachwerkbau aus 1667, in der Stadt Bürgerhäuser des 17. und 18. Jhs. Sogen. Steinkammer, Schützeberger Str. 37 - gotischer Steinbau mit Treppengiebel, 14. Jh.

Tips vom Start bis zum Ziel

Ausgangsort: Großparkplatz am Herkules.

Anfahrt: Ab Kirchweg mit dem KVG-Bus, Linie 12 bis Druseltal. Dann Linie 43 bis Herkules.

Rückfahrt: Ab Wolfhagen Bhf., Kursbuch Nr. 612 oder Bus, Kursbuch Nr. 5261(49).

Parkmöglichkeiten: Entfällt, da Streckenwanderung.

Streckenlänge: ca. 26 km.

Markierung: X 13, Studentenpfad.

Einkehrmöglichkeiten: Herkules, Igelsburg, Dörnberg, Altenhasungen, Waldgaststätte "Wolfsschänke", Wolfhagen.

Anmerkungen: Diese Tour braucht Ausdauer und eine gute Wanderausrüstung. Die Markierungen sind, wie immer beim Hessisch-Waldeckischen Gebirgsverein, vorzüglich.

Route 17: Streckenwanderung

Auf dem Volkmarser Weg

Es geht bergauf und bergab! Fünf Stunden sollten Sie für diese Tour rechnen. Zudem verlocken Bänke zur Rast.

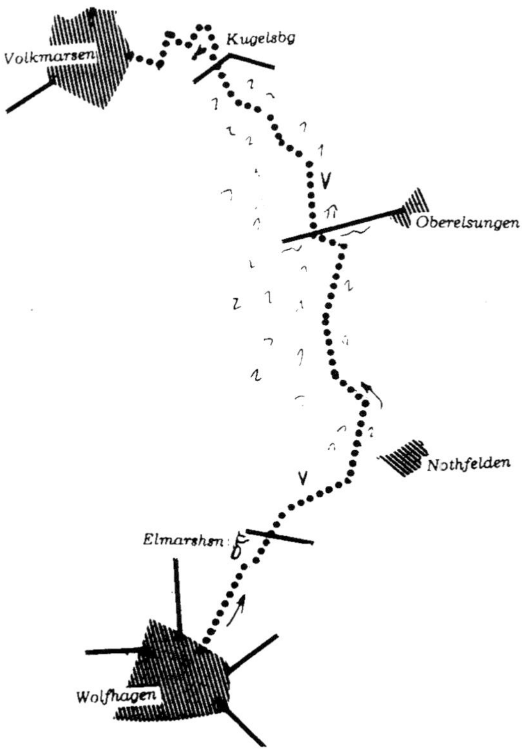

Wegbeschreibung:
Vom Wolfhager Bahnhof gehen wir nach rechts durch die Bahnhofstraße, dann wieder rechts, unterqueren die Bahnbrücke und biegen hinter der Tankstelle nach links - Richtung Elmarshausen - ab (Landsberger Str.). Am Elmarshäuser Schloß vorbei umgehen wir den Gutshof, queren die Straße nach Altenhasungen und wandern geradeaus hin zum Wald, den wir durchqueren. So erreichen wir eine Forststraße, auf der wir nach rechts ca. 100 m gehen, um dann am Silo nach links zu schwenken. Erst durch Felder, dann in den Wald hinein, erreichen wir eine Bank-Tisch-Gruppe, wo wir nach rechts hin weiter müssen. An alten Grenzsteinen vorbei kommen wir zu einer Schonung, müssen hier nach links bergab und nach rechts dann weiter bis zu einer Forststraße. Am Waldrand nun links bis kurz vor den Ort, dort nach links am Bach entlang zur Straße Niederelsungen/Ehringen im Dasetal, die wir queren. Bergan führt uns unsere Markierung nun am Berg entlang (Heidelbeerenberg 398 m) an zwei Wasserwerken vorbei zu einer Forststraße. Hier kommt von rechts die Markierung X 2, die zusammen mit unserem V uns weiterleitet durch den Wald. Wir durchwandern ein Tal (Rhödaer Bach), queren den Bach, steigen bergan zum Alsberg hinan und schwenken am Waldrand - von rechts kommt die Markierung X 6 - nach links. Um den Berg herum erreichen wir schließlich die Straße Breuna/Volkmarsen, überschreiten diese und wandern zur Kugelsburg hinauf und hinunter nach Volkmarsen.

Wissenswertes:

Wolfhagen: Siehe Route 16.

Volkmarsen: 900 erscheint Volkmarshus, ein Vorwerk von Volkmarsen erstmals. 1155 wird Folcmeressen in einer Bulle Papst Hadrians

IV. genannt. 1233 erscheint ein erstes Siegel von Volkmarsen mit Abt und Ritter (Abt Volkmar und Graf von Everstein). Im selben Jahr wird Wolkemersen in einer Urkunde von Papst Gregor dem IX. als Besitz des Klosters Corvey erwähnt. Hierin wir der Ort als oppidum =Stadt bezeichnet. 1239 tritt Graf Otto v. Everstein alle Rechte an die Kirche zu Wytmare nebst Filialen an das Kloster Aroldessen ab. 1272 ist die erste Stadtmauer um Volkmarsen fertig. 1276 wird eine Münzstätte eingerichtet. 1304 wird der eversteinische Anteil an der Kugelsburg an Köln verpfändet. Anstelle der Kölner Alleinherrschaft tritt die Mitherrschaft Corveys, das seine halbe Stadt Volkmarsen als Pfand einsetzt. 1351 erwerben die Hessen den kölnischen Anteil an Burg und Stadt. 1477 besetzen die Hessen die Stadt, 1483 Burgfrieden zwischen Köln und Hessen. 1632 Niederbrennen der Stadt durch die Schweden und Hessen. 1686 vernichtet eine Feuersbrunst die ganze Stadt. 1802 Ende der kölnischen Herrschaft, 1814 wird Volkmarsen preußisch, 1817 an Kurhessen. Kirche - 1317 vollendet. Frühgotische Hallenkirche; Südportal um 1280, Figuren 1404 eingefügt; Westportal mit Deesisdarstellung im Tympanon um 1300; Turm 1564 mit Spitzhelm; am Westturm Marienkapelle von 1504 mit Nische für Totenleuchte (Renaissancegitter). Rathaus - Sandsteinbau 14. Jh., Kaufhalle im Erdgeschoß mit Eichenstützen. In der Stadt gotische Steinhäuser sowie Fachwerkhäuser 17. - 18. Jh. Stadtbefestigung = 13. Jh. z.T. erhalten. Erpebrücke - 18. Jh., Nepomuk 1744.

Schloß Elmarshausen: Dort einst das ehem. Dorf Egelmareshusen (1120). Als Wasserburg 1442 von den Herren v. Gudenberg erbaut. 1534 Besitz der Herren v.d. Malsburg, großer Umbau 1563 vollendet.

Kugelsburg: Auf steilem Muschelkalkberg; 1225 Cugelemberg genannt. Zur Sicherung der Stadt um 1200 auf dem Hagen errichtet. Erbauer lt. Urkunde Papst Gregor IX. aus dem Jahre 1233 Abt Wittekind v. Spiegel aus Corvey. Oftmalige Verpfändung, bald im Besitz der Grafen v. Everstein. 1260 belagern Themo, Abt v. Corvey, der Erzbischof Konrad v. Köln und Herzog Albrecht von Braunschweig die Burg. 1304 Verpfändung an Köln. 1322 belehnt Walram v. Köln die Brüder Raben und Herbold v. Pappenheim mit einer Stätte auf der Burg. Das Geschlecht bewohnt die Burg bis 1503. Zerstörung im 7j. Krieg. Ausläuferanlage mit Halsgraben; Bergfried nach 1309; Palas spätgotisch, Wohnturm aus der Gründerzeit.

Tips vom Start bis zum Ziel

Ausgangsort: Wolfhagen.
Anfahrt: Mit der DB, Kursbuch Nr. 612.
Rückfahrt: Mit der DB, Kursbuch Nr. 612 ab Volkmarsen.
Parkmöglichkeit: Entfällt, da Streckenwanderung. Falls Anfahrt mit Auto sein muß - am Bahnhof Wolfhagen; dann Rückfahrt von Volkmarsen nach Wolfhagen mit der DB, Kursbuch 612.
Streckenlänge: ca. 19 km.
Markierungen: Durchgehend V weiß.
Einkehrmöglichkeiten: Wolfhagen, Niederelsungen, Volkmarsen.
Anmerkungen: Die Markierungen sind gut, doch sollte man schon ein bißchen aufpassen. Nach Regen ist es an manchen Stellen ein bißchen matschig - vor allem hinter Elmarshausen. Am besten geht man hier oben auf der Böschung. Empfehlenswert die Topographische Karte "Naturpark Habichtswald", 1 : 50 000.

Route 18: Streckenwanderung

Von Arolsen auf den 'Waldecker Weg'

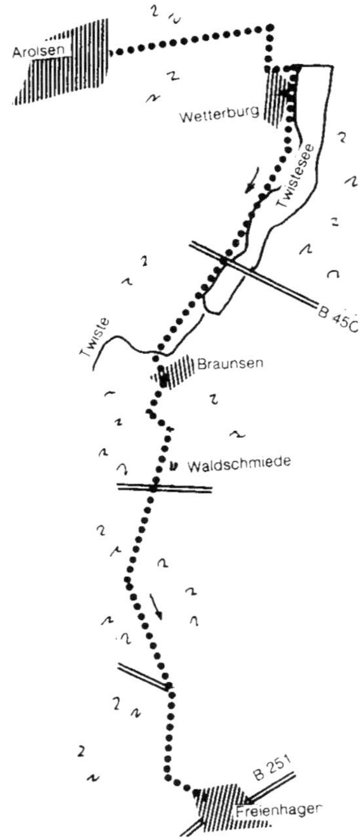

20 Kilometer wollen erst mal gelaufen sein. Für alte Wanderfüchse ist das sicherlich nicht furchtbar schwierig. Doch wer nicht so geübt ist, sollte diese Tour ruhig ein wenig langsam angehen und immer wieder mal eine kleine Rast einlegen - es muß ja nicht immer die nächste Destille sein. Auch im tiefen Walde läßt es sich gut ruhen. Wir wünschen Ihnen bei allem viel Spaß.

Wegbeschreibung:
Unsere "Reise" beginnt an der Arolser Kirche. Zusammen mit der Markierung X 6 = Niedersachsenweg führt uns unser W sicher am Schloß vorbei zum Fischhaus, wo wir X 6 verlassen. Nahe der Bahnlinie wandern wir weiter, dann nach rechts hinab zur Aarbrücke und hinauf nach Wetterburg und zum Twiste-Staudamm. Davor allerdings zeigt uns unsere Markierung einen Schwenk nach rechts an und wir marschieren nun auf der Westseite des Sees bis zur B 450, die wir queren. Am Naturschutzgebiet vorbei geht´s - von rechts kommt X 12 herunter - die Twiste überquerend nach Braunsen, das wir durchwandern, um dann in den Langen Wald einzutauchen. Bei der Waldschmiede zweigt später die Markierung X 12 nach links weg, wir kreuzen die Straße Elleringhausen/Volkhardinghausen, wandern am 424 m hohen Brandrückenkopf entlang bis zur Straße Dehringhausen/Freienhagen, auf der wir zum Schluß dann unser Ziel, Freienhagen, ansteuern.

Wissenswertes:
Arolsen: Im 6. Jh. bestand hier nach der sächsischen Eroberung ein Edelhof. 1131 Gründung eines Augustiner-Nonnenklosters - lebten nach den Regeln des Hl. Augustinus - durch die v. Itter. Vögte wurden die Grafen v. Schwalefeld, die sich später v. Waldeck - seit 1214 - nannten. Blütezeit im 13. und 14. Jh., im 15. Jh. Verfall. Graf Otto v. Waldeck übergab das Kloster 1493 an die Antoniter in Grünberg - im 11. Jh. in Frankreich gegründet, päpstliche Bestätigung 1095, 1298 Umwandlung in einen Chorherrenorden. 1526 das Kloster aufgehoben und von 1526-30 zum Schloß umgebaut, 1530 Residenz des Grafen Philipp III. (Eisenberger Linie, 1524-39) und dessen

Gemahlin Anna v. Cleve. 1692 übernahm Graf Christian Ludwig (1645-1706) die Regentschaft über Gesamt-Waldeck und verlegte seine Residenz von Kleinern (Schloß Christiansburg) nach Arolsen. 1711 wird Graf Friedrich Anton Ulrich in Verfolg der Krönung Kaiser Karls VI. in den Reichsfürstenstand erhoben. Er bestimmt Arolsen zur repräsentativen Barockresidenz seines Landes. Offizielle Gründung der Stadt am 20.9.1719. Ursprünglich sollte die Stadt (Entwürfe von Julius Ludwig Rothweil, später durch dessen Sohn Franz Friedrich) symmetrisch beiderseits des in der Mittelachse liegenden Schlosses angelegt werden. Im 18. Jh. wurde davon nur die westliche Achse mit Querstraße und Kirchplatz ausgeführt. An Stelle der östlichen Achse Ausbau der Bahnhofstraße im 19. Jh. 1867 verlor Waldeck durch den "Akzessionsvertrag" mit Preußen den größten Teil seiner Hoheitsrechte und ging 1929 ganz in Preußen auf. In Arolsen wurden 1777 Christian Rauch und 1805 Wilhelm v. Kaulbach geboren. Kirche - 1735 begonnen, 1887 vollendet, Entwurf von J.L. Rothweil, Saalbau mit kleinen Kreuzarmen, Ostturm. Das Innere klassizistisch, Marmorfiguren am Altar (Glaube, Liebe, Hoffnung) 1842-52 von Rauch. Schloß - 1710 begonnen, Entwurf von J.L. Rothweil. Hauptbau im wesentlichen 1729 fertig, Einrichtung jedoch noch bis ins 19. Jh. Dreiflügelanlage nach dem Vorbild Versailles, Mansarddächer. Die den Ehrenhof umschließenden Flügel zweigeschossig (im EG urspr. Arkaden). Mittelrisalit des Hauptbaues durch Pilastergliederung und Giebel hervorgehoben.

Inneres: Stiegenhaus mit doppelläufiger Treppe 1713, Deckengemälde 1721; Weißer Saal klassizistisch 1809-11; Wohnräume im Stil der Régence und des Rokoko; Wandteppiche 18. Jh., ebenso Möbel. Neues Schloß - (heute Schloßhotel) als Witwensitz 1764 begonnen, 1853 umgebaut. Marstall - 1749. Schloßbesichtigung: Mai bis Sept. 10.00-16.15 Uhr tgl. Stadtmuseum - Prof.-Klapp-Str. 14, geöffnet Mai bis Sept. Mi., So. 15-18 Uhr, Sa. 10-12 Uhr. Barockpalais Schreiber, Schloßstr. 24; Abt. Kaulbach-Museum, Kaulbachstr. 3; Abt. Rauchgeburtshaus, Rauchstr. 6, Öffnungszeiten wie Stadtmuseum.

Wetterburg: Von der 1306 erbauten Burg nur der Wohnbau aus 1576 erhalten, Brand 1669, Rechteckbau mit zweigeschossigem Erkervorbau (heute Restaurant mit Aquarienmuseum).

Braunsen: 1223 Brundhardeshem; Kirche - Chor romanisch, Schiff 1605, Dachreiter 1844, mittelalterliche Mensa.

Freienhagen: Siehe Route 14.

Tips vom Start bis zum Ziel

Ausgangsort: Arolsen
Anfahrt: Mit der DB bis Volkmarsen, Kursbuch Nr. 612, dann Bus, Kursbuch Nr. 5305.
Rückfahrt: Ab Freienhagen mit Bus, Kursbuch Nr. 5260.
Parkmöglichkeiten: Entfallen, da Streckenwanderung.
Streckenlänge: ca. 20 km.
Markierung: W weiß.
Einkehrmöglichkeiten: Arolsen, Fischhaus, Wetterburg, Waldschmiede, Freienhagen.
Anmerkungen: Die Tour ist sehr gut ausgezeichnet. Ein Verlaufen kaum möglich.

Route 19: Streckenwanderung

Vom Twistesee nach Freienhagen

Rechnen Sie für diese Wanderung ruhig mit 5 Stunden. Allzu schwierig ist sie nicht, doch sollte man sie kleineren Kindern nicht zumuten.

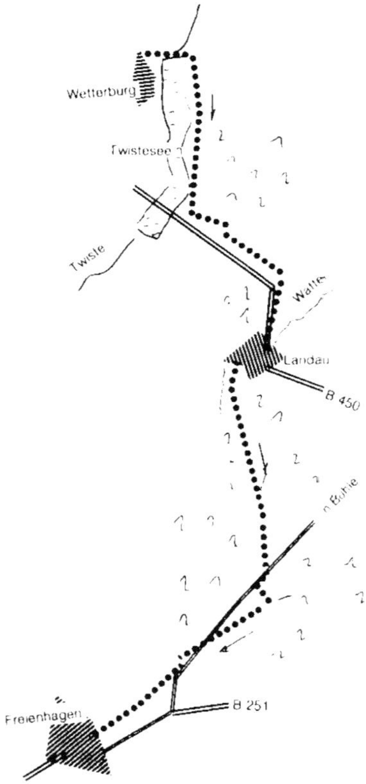

Wegbeschreibung:
Von der Wetterburg aus zeigt uns unsere Markierung D den Weg hinunter zum Staudamm des Twistesees. Nachdem wir den Damm überquert haben, biegen wir nach rechts ab und wandern am See entlang bis zum Parkplatz an der B 450. Von hier aus führt uns das D nach links aufwärts zum Waldrand und ca. 300 m nach SO zu einem festen Weg, dem wir ca. 200 m nach links folgen, um dann an tiefen Hohlungen der alten Wildunger Straße hinunter ins Tal der Watter mit ihren Fischteichen zu gelangen. Nun müssen wir leider ca. 500 Meter auf der B 450 gehen, queren dann die Bundesstraße und steigen hinauf in das Städtchen Landau, wo wir direkt auf das Schloß - heute Altenheim - stoßen.
Weiter geht's durch die Stadt und in Serpentinen hinab ins Tal der Watter zur ehemaligen Wasserkunst aus dem Jahre 1535 und auf der Straße Richtung Volkhardinghausen - Pfad parallel der Straße - und dann nach links ins Gebiet des Heikopfes. Nach ca. 5 km erreichen wir die Straße Bühle/ Freienhagen, marschieren auf dieser ca. 150 m nach rechts und biegen dann nach links - 500 m zusammen mit X 12 - ab, um nun auf Markierung D nach rechts weiter zu wandern. Am Doppelberg kommen wir wiederum zur Straße Bühle/Freienhagen - links eine Schutzhütte -, die wir queren. Am Waldrand links finden wir die Femeeiche, wo im Mittelalter im Namen des Königs Recht gesprochen wurde. Von hier aus ist es dann nicht mehr weit bis zu unserem Ziel Freienhagen, das wir durch freies Feld hin anlaufen.

Wissenswertes:
Freienhagen: Der Ort hat seinen Namen von dem Freigericht, das im Mittelalter unter der Femeeiche (s. Wegbeschreibung) tagte. Sehenswert ist die evangelische Stadtpfarrkir-

che, die im spätromanischen und gotischen Stil errichtet wurde - 1270 Erstnennung, 1411-1527 Wilhelmiten-Ordenskirche, Chor Mitte 13. Jh. Der Ort wurde 1253 erstmals Stadt genannt, Besitz der Grafen v. Waldeck. Siehe auch Route 14.

Landau: Stadtrechte vor 1294; von 1397 bis Anfang 18. Jh. Residenz von Seitenlinien des Waldecker Grafenhauses (ältere und jüngere Landauer Linie); 1749 Stadtbrand. Kirche - Chor Ende 13 Jh., Ende 14 Jh. An-bau einer gotischen Hallenkirche. Schloß - Ende 13 Jh. gegründet, 1366 erneuert, später um- und neugebaut; Torhaus 1563 mit rundem Treppenturm; Küchenflügel 17. Jh. In der Stadt schöne Fachwerkhäuser des 17.-18. Jh. niedersächsischer Haustyp vorwiegend. Wasserkunst - durch sie erfolgte die Trinkwasserversorgung der Stadt: Quellwasser wurde durch Pumpen, die durch ein Mühlrad im Wattenbach angetrieben wurden, durch Pfeifen (Holzröhren) zu einem 60 Meter höher gelegenen Kump gedrückt. Die Wasserkunst arbeitete bis 1981 (zuletzt mit Elektromotoren).

Twistestausee: Entstanden 1972-79 als Hochwasserrückhaltebecken für die Diemel. Auf einer Fläche von 76 ha werden bei Dauerstau 4,7 Millionen cbm (bis 15 m Wassertiefe), bei Vollstau 9,1 Millionen cbm bei einer Wasserfläche von 121 ha zurückgehalten. Staudammlänge: rund 300 Meter, er enthält 376 000 cbm Erd- und Steinmassen. Der Vordamm dient zum Auffangen des Geschiebes (Steine, Sand, Erde). Aus ihm hat sich ein Vogelparadies entwickelt (NSG).

Tips vom Start bis zum Ziel

Ausgangsort: Wetterburg am Twistesee.
Anfahrt: Mit der DB bis Volkmarsen, Kursbuch Nr. 612, dann Bus bis Wetterburg, Kursbuch Nr. 5305.
Rückfahrt: Ab Freienhagen mit Bus, Kursbuch Nr. 5260 (42).
Parkmöglichkeiten: Entfällt, da Streckenwanderung.
Streckenlänge: Ca. 18 km.
Markierungen: Weißes D (= Diemel-Eder-Weg).
Einkehrmöglichkeiten: Wetterburg, Landau, Freienhagen.
Anmerkungen: Dieser Weg ist vorzüglich gekennzeichnet. Empfehlenswert die Topographische Karte „Naturpark Habichtswald“, 1:50 000.

Route 20: Streckenwanderung

Auf dem Studentenpfad nach Waldeck

Diese etwas ausgedehnte Wanderung wird auch sicherlich Ihnen zu einem wirklichen Vergnügen werden. Vor allem schon allein deswegen, weil die Markierungen vorzüglich sind und man nicht erst lange nach ihnen suchen muß. Machen Sie aus dieser Wanderung einen Ganztagesausflug mit Kind und Kegel. Einkehrmöglichkeiten gibt's ja einige, so daß man sich nicht mit großem Picknick-Korb belasten muß. Also „Auf, Du fröhlicher Wandersmann...!"

Wegbeschreibung:
Vom Bahnhof Wolfhagen gehen wir erst ein Stück nach rechts, dann nach links durch die Stadt - Schützeberger Straße - bis zur Kreissparkasse (Museum), biegen hier nach

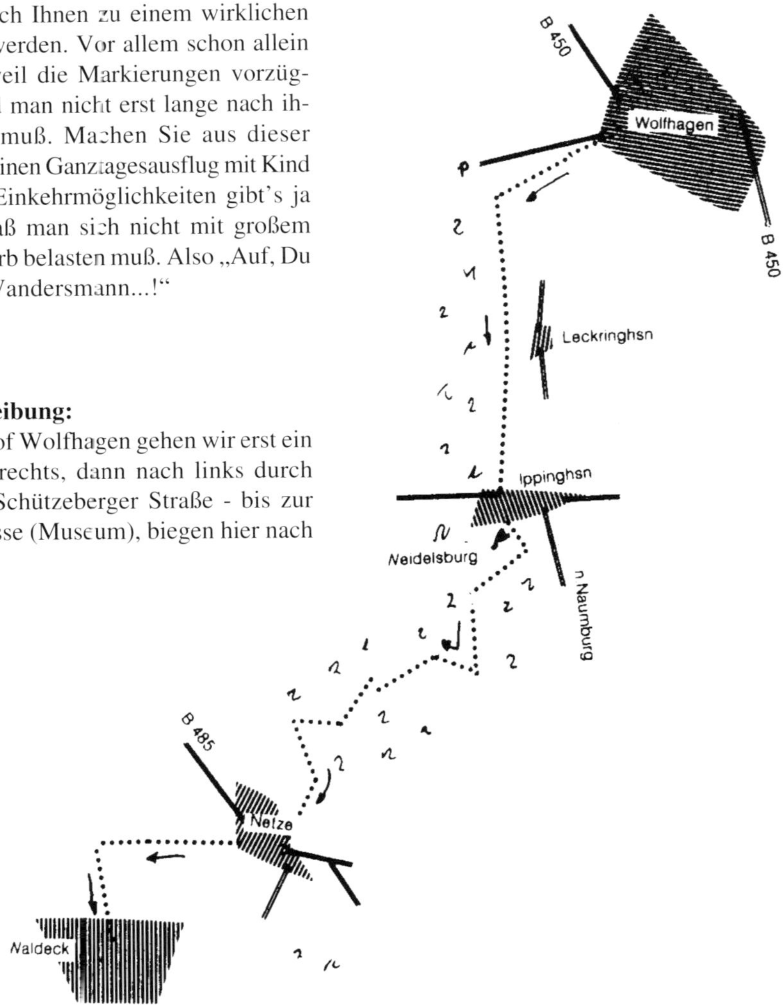

links ab und vor dem Gasthaus „Schiffchen" nach rechts in die Staden-Straße. Hinter der Landmaschinenfirma Degenhardt zweigt die Markierung X 13 nach links ab, führt an der Wassertretstelle Fredegassen vorbei hinauf zum Wolfhager Stadtwald, an dessen Rand sich der Wanderparkplatz Heller Platz mit Waldspielplatz, -sportpfad und -lehrpfad befindet.
Hier schwenkt unsere Markierung nach links

ab. Am Waldrand geht's Richtung Süden, Leckringhausen bleibt links liegen - in der Nähe im Forstort „Saras" Reste der alten Landwehr aus dem 14. Jh.
Nun folgt die Siedlung Zwickenberg und schließlich erreichen wir Ippinghausen, wo wir die B 251 überqueren müssen (Vorsicht!). Nach ca. 1,5 km erreichen wir die Abzweigung hinauf zur Weidelsburg. Wer will, sollte zu ihr hinauf und den schönen Blick genießen. X 13 - kurzzeitig seit Ippinghausen zusammen mit X 12 - leitet uns - X 12 biegt dann nach links ab - durch ausgedehnte Wälder und die Gemarkung Philippsruhe zum 446 m hohen Rabenkopf an der hessisch-waldeckischen Grenze.
Nach weiteren ca. 500 Metern biegen wir am sogen. Bosselplatz (Name eines Forstmannes) nach links ab (nun ein Stück zusammen mit Markierung D) und vor dem 415 m hohen Erdfallskopf nach rechts ab, um hinunter durch das Feld Netze zu erreichen.
Hier müssen wir die B 481 queren und kommen durch die Felder unter einer Hochspannungsleitung zu dem Hof Dringe, wo unsere Markierung nach links abschwenkt und uns um den Drüngegrund herum nach Waldeck führt.

Wissenswertes:

Wolfhagen: 1231 Wolfhayn genannt; die Stadt entstand im Schutz einer Anfang des 13. Jhs. durch den Landgrafen Ludwig v. Thüringen (Ludwig IV., 1217-1227, Gemahlin Elisabeth v. Ungarn, heiliggesprochen 1235) angelegten Burg - um 1226. 1231 wurde sie bereits als Stadt bezeichnet. Die Befestigung war 1302 vollendet und wurde 1348 durch eine Landwehr mit Warttürmen verstärkt. Die Vorstadt Garthausen entstand in der 1. Hälfte des 14. Jhs. 1632 wurde die Stadt fast völlig niedergebrannt. Kirche - dreischiffige Halle, 1235 Altarweihe, Langhaus im 13. Jh. neugebaut, Westturm 1. Hälfte 14. Jh., zweigeschossige Marienkapelle 1389 geweiht, Chor Anfang 15. Jh. neu errichtet; Ausmalung des Innenraums 1958 erneuert, Sakramentsnische um 1420, Orgelprospekt 1725, Grabdenkmale 16. und 17. Jh. Hospitalkapelle - außerhalb der mittelalterlichen Stadt, jetzt Totenkapelle, gotisch aus 1337. Rathaus - zwei vorkragende Fachwerkobergeschosse auf massivem Erdgeschoß, zwischen 1657-59 entstanden, Keller 1611. Die Wappentafel aus 1600 stammt wohl vom ehem. Bürgertor. Alte Wache - Fachwerkbau von 1667, im Erdgeschoß ursprünglich offene Halle, jetzt Stadt-Café. Kattenturm an der Schützeberger Straße. Rest der Stadtbefestigung. Siehe auch Route 16.

Ippinghausen: 1120 Ypponhuson; 1435 wüst, in der 1. Hälfte 16. Jh. neu besiedelt. Kirche aus 1772, Saalbau.

Weidelsburg: Größter und besterhaltener Burgenbau Niederhessens auf einem Basaltkegel gelegen. 1240 Wedelberg genannt. Die ersten Besitzer sind unbekannt. Sie gründeten von hier aus im 12. Jh. die „Nuwe Burg" (Naumburg), nach der sie sich später nannten. 1266 Verkauf an Mainz, 1273 Eroberung und Zerstörung durch Hessen. 1379 von Mainz an Hessen abgetreten, das eine neue Doppelburg errichtete. Unfertig nach dem Vertrag mit Mainz von 1382 wieder niedergelegt und von Mainz 1398 weitergeführt. Im 15. Jh. an Hessen, 1437 hessisches Lehen der v. Dalwigk und v. Hertingshausen. Seit dem 16. Jh. Ruine. Am Nordtor der Burg Relief mit Bezug auf die Weidelsburger Weibertreue-Sage. Ritter Dalwigk und sein Neffe Friedrich v. Hertingshausen waren rechte Raubritter. 1443 zogen deshalb Mainz und Hessen vor die Weidelsburg. In höchster Not bat Agnes, die Frau Reinhards v. Dalwigk, den Landgrafen um Gnade. Sie und die Dienerinnen durften dann auch frei abziehen und mitnehmen, was ihnen am liebsten war. Daraufhin schleppten

die Frauen ihre Männer aus der belagerten Burg. Da die Ritter aber ihr Unwesen weiterhin fortsetzten, eroberten die hessischen und mainzischen Truppen 1448 noch einmal die Burg. Reinhard mußte auf die Naumburg ziehen, wo er 1459 (oder 1461) arm und geächtet starb.
Burggaststätte sonntags geöffnet.

Netze: Ehem. Zisterzienserinnenabtei Marienthal, 1228 von den Grafen v. Schwalenburg und Waldeck gegründet, Grablege der Waldecker Grafen 1268-1677. 1527 aufgehoben. Kirche - Westturm 12. Jh., zweischiffiges Langhaus, spätromanisch-frühgotisch, an der Südseite Grabkapelle St. Nikolaus um 1300. Außen gotische Totenleuchte. Im Innern Flügelaltar, westfälisch-hessisch, um 1370-80, Wandtabernakel 14. Jh.

Waldeck: Burg kam aus ziegenhainischem Besitz an die Grafen von Schwalenberg, die sich seit 1189 v. Waldeck nannten. Siedlung neben der Burg seit 13. Jh., 1236 als Stadt bezeichnet. Kirche - Chor und Westwand um 1300, Langhaus 16. Jh., zweischiffig, unsymmetrisch, Südseite spätgotisches Portal. Im Innern spätgotischer Flügelaltar um 1500, Sakramentsnische 14. Jh., Kanzel 1646, Taufstein 15. Jh., Grabdenkmale 16. und 17. Jh. In der Stadt Fachwerkhäuser meist 18. Jh. Burg-Ausbau 13. Jh., besonders 16. und 17. Jh. Dreieckige Hauptburg, Bergfried 13. Jh., Südflügel 1734 abgebrochen, Nordflügel 1577 vollendet, Torturm 1733. Siehe auch Route 21.

Tips vom Start bis zum Ziel

Ausgangsort: Wolfhagen.
Anfahrt: Mit der DB ab Kassel, Kursbuch Nr. 612.
Rückfahrt: Ab Waldeck bis Wabern, Kursbuch Nr. 621, nach Kassel, Kursbuch Nr. 620.
Streckenlänge: Ca. 23 km.
Markierung: X 13.
Einkehrmöglichkeiten: Wolfhagen, Ippinghausen, Netze, Waldeck.

Anmerkungen: Diesmal ist's schon eine ganz tüchtige Strecke. Gute Wanderschuhe und -bekleidung sind obligatorisch. Zwischen Ippinghausen und Netze (ca. 12 km) keine Einkehrmöglichkeit. Es empfiehlt sich, Trinkbares mitzunehmen (evtl. auch etwas zu essen).

Route 21: Streckenwanderung

"Studentenpfad" nach Wildungen

Natürlich kennen Sie den Edersee. Aber sind Sie schon einmal auf dem Studentenpfad vom Edertal durchs Wesebachtal ins Wildetal gewandert?

Wegbeschreibung:
Die Waldecker Bahnhofstraße führt uns hinunter zum Eckeweg, in den wir nach rechts einbiegen. Es geht hinauf zur 399 m hohen Kanzel, von der aus wir einen herrlichen Blick über See und Landschaft haben. Auf dem Klippenpfad steigen wir hinab zur Seestraße, queren die und wandern über die Sperrmauer (falls dort gesperrt, die Straße weiter hinunter bis zur Ederbrücke in Hemfurth, die queren und dann nach links weiter, X 13). Oberhalb des Kraftwerks leitet uns unsere Markierung hin, dann am Steilhang des Ausgleichsbeckens her und schließlich nach rechts aufwärts zum Sattel unterhalb des 462 m hohen Stürtzelskopfes, wo wir eine Schutzhütte finden, von der aus wir einen schönen Blick ins Wesetal haben. Durch die Felder geht´s jetzt hinab nach Kleinern, kreuzen hier die Straße Giflitz/Gellershausen, kommen am Dorfbrunnen, rechts, vorbei (gutes Mineralwasser, wegen nicht ausreichender Schüttung Quelle ungefaßt) und steigen in einem Tal durch den Wald empor, um dann vom Sattel (360 m) aus abwärts ins Tal der Wilde zu wandern, die wir über eine Brükke queren. Am Hang des gegenüberliegenden Hombergs, an der Köppel-Mühle vorbei marschieren wir bis kurz vor Reitzenhagen, wo wir nach rechts aufwärts und am Waldrand hergehen. An der Waldecke schwenkt unsere Markierung nach links und

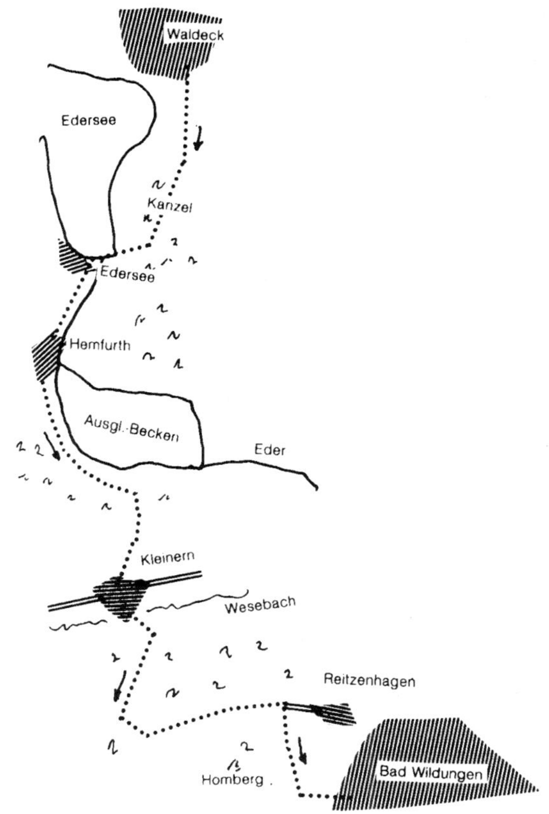

vorbei an Sportplätzen erreichen wir schließlich Bad Wildungen.

Wissenswertes:

Waldeck: Burg - vor 1180 aus ziegenhainschem Besitz an die Grafen v. Schwalenberg, die sich seit 1189 v. Waldeck nennen. Im 12. Jh. gegründet, Gipfelburg mit Vorburg, Ausbau Mitte 13. Jh., besonders im 16. und 17. Jh. Eroberungen. Restaurierungen im 18. Jh. Residenz bis 1665 (Wildunger Linie, die im nördlichen Flügel wohnten; Eisenberger Linie im älteren südlichen Flügel), Bergfried 13. Jh. Drei Bastionen an Ostseite, sogen. Hexenspund, mit Gewölben und Kasematten, 15.-16. Jh. Vorburg, im 16. Jh. angelegt mit Schachtbrunnen (120 m tief). Mittleres Tor der Vorburg, 1544, das äußere Tor mit seitlichem Turm 1637. Vorbefestigungen und Schanzen 1621 und 1643. Burgmuseum - geöffnet Apr.-Okt. 9-17.30 Uhr. Stadt - 1236 Stadt genannt; Mitte 14. Jh. bis 1816 Sitz eines Waldecker Amtes. 1526 Einführung der Reformation, im 17. Jh. vier verheerende Stadtbrände. Kirche - von einem Neubau um 1300 Chor und Westwand im heutigen Bau - Langhaus Anfang 16. Jh.; Turm 1560 - erhalten: Spätgotischer Flügelaltar um 1500, Sakramentsnische 14. Jh., Kanzel 1646, Steinmuttergottes 14. Jh., Grabdenkmäler 16. und 17. Jh. Siehe auch Route 20.

Edersee: Edertalsperre, geschaffen zwischen 1908 und 1914; Länge des Stausees 27 km, Breite bis 1 km, bedeckt eine Fläche von 12 qkm, an der Sperrmauer 42 m tief, kann bis zu 202 Millionen cbm Wasser fassen; Sperrmauerhöhe 48 m, Kronenbreite 5 m. Durch den Bau der Edertalsperre gingen drei Dörfer verloren: Berich, Bringhausen und Asel sowie die Gehöfte Stollmühle, Vornhagen und Bericher Hütte und Hammer. Die Dörfer Nieder-Werbe und Herzhausen verloren einen Teil der Flur. 900 Menschen wurden umgesiedelt, Bringhausen entstand neu überm See, Asel südl. von Vöhl und Neu-Berich bei Külte-Wetterburg. In der Nacht v. 16. zum 17. Mai 1943 Zerstörung der Mauer durch eine englische Spezialbombe.

Kleinern: 1225 Creinre. Graf Christian Ludwig v. Waldeck erwarb den im 13. Jh. bereits bekannten Burgsitz und ließ 1661-74 das Schloß Christiansburg errichten. Abriß 1709-10, Wirtschaftshof dann Meierei, 1754 Auflösung. Ehem. Schloß Vierflügelanlage mit Binnenhof. Kirche - 1681-86 durch Graf Christian erbaut, Turm 1689-94, Rechteckbau mit Westturm, Flügelaltar 1521, Kanzel im Knorpelstil 1668, Emporen und Gestühl 17. Jh.

Reitzenhagen: 1254 Ricenhain; Kirche - im 30j. Krieg zerstört.

Bad Wildungen: Name erscheint um 800 erstmals für eine Siedlung 3 km östlich der späteren Stadt. 1940 aus Zusammenschluß von Alt- und Niederwildungen entstanden. Altwildungen - entstand im 14. Jh. im Anschluß an eine im 12. Jh. errichteten Burg, die bis 1247 den Landgrafen v. Thüringen und seit 1263 den Grafen v. Waldeck gehörte. Ort 1763 bis auf Schloß und Kirche abgebrannt. Niederwildungen - wohl 1242 durch den thüringischen Landgrafen Heinrich Raspe (etwa: der tapfere Kämpfer, 1204-47) gegründet, 1259 Stadt genannt, 1263 an Waldeck; Sauerbrunnen bereits im 14. Jh. nachweisbar. Siehe auch Route 22.

Tips vom Start bis zum Ziel

Ausgangsort: Waldeck.
Anfahrt: Mit der DB ab Kassel bis Wabern, Kursbuch Nr. 620, Wabern-Waldeck, Kursbuch Nr. 621.
Rückfahrt: Mit der DB ab Bad Wildungen, Kursbuch Nr. 621, bis Wabern, dann bis Kassel, Kursbuch Nr. 620.
Parkmöglichkeiten: Entfällt, da Streckenwanderung.
Streckenlänge: Ca. 20 km.
Markierung: X 13, auch Hessenweg 4.
Einkehrmöglichkeiten: Waldeck, Edersee, Hemfurth, Kleinern, Reitzenhagen, Bad Wildungen.
Anmerkungen: Es geht ein bißchen rauf und runter. Für Fußmüde ist das nichts. Fahren Sie möglichst früh los, damit Sie den ganzen Tag genießen können.

Route 22: Streckenwanderung

Vom Edertal ins Tal der Wilde

Elf Kilometer sind für ausgefuchste Wanderer gewissermaßen nur ein Spaziergang. Aber auch die, die nicht allzuoft wandern, brauchen sicherlich nicht mehr als drei Stunden für unseren heutigen Vorschlag. Wir hoffen, daß er Ihnen Spaß macht und Sie einen schönen Tag verbringen werden.

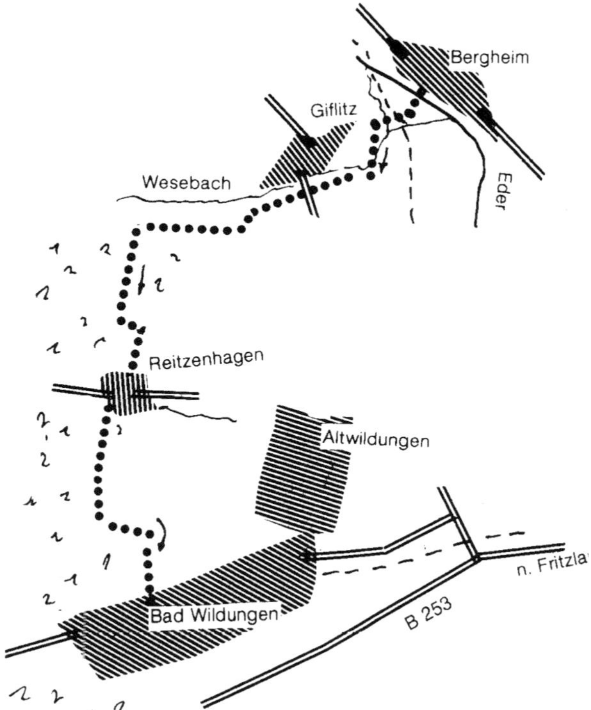

Wegbeschreibung:
Von der Bushaltestelle "Bergheim-Sportplatz" gehen wir nach links an der Eder entlang, an der Eder-Mühle - rechts - vorbei, kreuzen die Bergheimer Straße - hier finden wir unsere Markierung "D", unterschreiten die Bahnüberführung und biegen dann links nach Giflitz ab.

Wir bleiben im Wesebachtal, wechseln bald hinüber zum Hang und schwenken dann nach ca. 2,5 km nach links ins Haarbachstal und wandern bergan, den Schartenberg links liegenlassend, auf dem einst eine Schwedenschanze lag.
Nun geht's hinab in einem engen Tal östlich

der Bilstein-Klippen (389 m) nach Reitzenhagen im Tal der Wilde.
Hier müssen wir auf der Autostraße circa 200 Meter nach rechts und dann schräg nach links zur Markierung - nun auch X 13. Aufwärts wandern wir zum Waldrand - hier der "Dreikirchenblick" - und schließlich in einem Tälchen hinunter, an den Wildunger Sportanlagen vorbei und am Kurpark entlang zu unserem Ziel, Bad Wildungen.

Wissenswertes:
Bergheim: 1085 erstmals genannt. Kirche - in der 2. Hälfte des 11. Jh. erbaut, nach Brand 1331 erneuert; zweischiffiges, romanisches Hallenlanghaus, Süd- und Westwand nach 1331 erneuert, Wendelstiege in der Südostecke aus dieser Zeit; Portal und Fenster 1741; Chorturm in Breite des Langhauses 14. Jh. mit Spitzhelm und Wichhäusern. Im Chor Wandgemälde um 1460 - Jüngstes Gericht, Apostel, am Gewölbe Sternmuster; Ausmalung des Schiffes 1573. Spätgotischer Flügelaltar am Ende des 15. Jh., im geschnitzten Schrein Kreuzigung, auf den gemalten Flügeln Heilige und Verkündigung Mariä; Kanzel 1685, Empore und Gestühl 18. Jh., Taufstein 1731. Zahlreiche Grabsteine des 18. Jh. Epitaph für Graf Ernst Heinrich Georg v. Waldeck (gest. 1736) in Form eines Säulenportals. Schloß der Grafen Waldeck-Bergheim; anstelle eines mittelalterlichen Burgsitzes der Herren v. Waldeck; seit 1710 Sitz der Linie Waldeck-Bergheim; Um- und Erweiterungsbau 1786 durch Simon Louis du Ry; Wirtschaftsflügel aus dem 17. Jahrhundert, Herrenhaus frühklassizistisch mit flachen Seitenrisaliten und kräftigem, durch Dreieckgiebel bekrönten Mittelrisalit, an der Hoffront Freitreppe von 1839. Im Ort schöne Fachwerkhäuser des 18. und frühen 19. Jahrhundert.
Giflitz: Schon in vorgeschichtlicher Zeit besiedelt, Funde eines Urnengräberfeldes 1840; im Breviarum Lulli (800) wird der Ort Juffelze genannt. Kirche - aus 1625, Reste eines Schnitzaltars aus dem 15. Jahrhundert.
Reizenhagen: 1254 Ricenhain genannt. Kirche im 30jährigen Krieg zerstört.
Schwedenschanze auf dem Schartenberg: Schanzen stammen aus dem 30jährigen Krieg, als 1640 die Schweden den Kaiserlichen bei Fritzlar gegenüberstanden.
Bad Wildungen: Die Stadt setzt sich aus Alt- und Niederwildungen zusammen.
Altwildungen - Burg im 12. Jh. erbaut, bis 1247 bei den Thüringer Landgrafen, danach an die Grafen v. Waldeck. Ort 1763 bis auf Schloß und Kirche abgebrannt. Kirche aus 1729, Saalbau mit Westturm. Schloß Friedrichstein - anstelle einer Burg barocker Neubau, 1663 begonnen, Hauptbau bis 1678 fertig, unter Fürst Anton Ulrich die beiden kleineren Seitenflügel 1707 - 14.
Niederwildungen - Stadtkirche - gotische Hallenkirche, um 1300 begonnen, Weihe des Hochaltars 1306, Turmobergeschosse 1489 vollendet, jetzige Turmhaube 1809, an der Turmnordseite Geismarsche Grabkapelle um 1380; Altarmensa um 1306; Flügelaltar von Konrad v. Soest, 1403, bedeutendes Werk deutscher Tafelmalerei, Kruzifix über dem Altar 1518, Sakramentshaus 14. Jh., ebenso der Taufstein. Grabdenkmäler der Grafen v. Waldeck. Rathaus - klassizistischer Bau von 1849 - 50 anstelle eines spätgotischen Fachwerkbaus. In der Stadt Fachwerkhäuser des 16.-18. Jh. nachweisbar, Badebetrieb und Brunnenanlagen seit 16. Jh. Neues Kurhaus, schöner Kurpark. Siehe auch Route 21.

Tips vom Start bis zum Ziel

Ausgangsort: Bergheim, Ortsteil von Edertal.
Anfahrt: Nichtmotorisierte - DB bis Wabern, Kursbuch Nr. 620, bis Bad Wildungen, Kursbuch Nr. 621, dann Bus bis Bergheim, Kursbuch Nr. 5321. Motorisierte - BAB A 49 bis Ausfahrt Bad Wildungen, dann B 253 bis Bad Wildungen. Parken am Bahnhof. Mit Bus nach Bergheim, Kursbuch Nr. 5321.
Rückfahrt: Wie Hinfahrt.
Parkmöglichkeiten: Bad Wildungen am Bahnhof oder im Parkhaus.
Streckenlänge: ca. 11 km.
Markierungen: D
Einkehrmöglichkeiten: Bergheim, Giflitz, Reitzenhagen, Bad Wildungen.
Anmerkungen: Die ganze Tour ist gut zu begehen, also etwas für jedermann. Auch die Steigungen sind nicht allzu beschwerlich.

Route 23: Streckenwanderung

Vom Leiselpark auf den Niedensteiner Kopf

Bei einem kleinen Spaziergang stellten wir fest, daß die Markierung „Weißer Winkel“ (Umgedrehtes V) jetzt schon am Leiselpark in Baunatal beginnt. So machten wir uns denn auf und folgten dem Zeichen und siehe da, wir entdeckten wieder eine schöne Tour, die Ihnen hoffentlich ebensoviel Spaß machen wird wie uns, zumal die Anfahrt mit der Straßenbahn äußerst günstig ist.

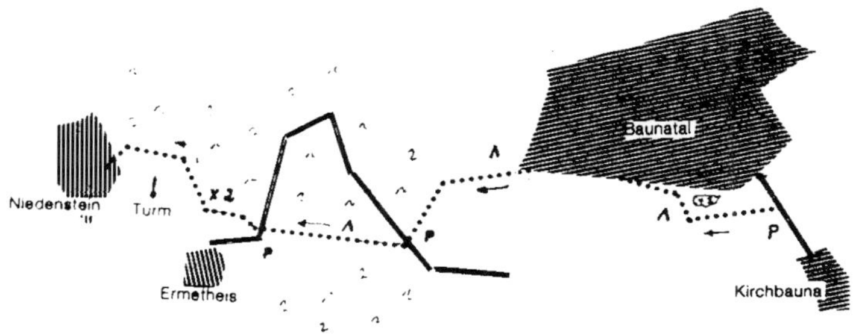

Wegbeschreibung:
Vom Parkplatz rechts der Kirchbaunaer Straße hinter der Leiselbrücke wandern wir, der Markierung folgend, durch den schönen Leiselpark zum Leiselsee hin, umrunden ihn südlich, biegen hinterm See nach rechts ab, queren die Brücke und schwenken danach sofort nach links auf den Kasselweg ein. Er führt uns hinüber nach Großenritte.
Auf der Straße „In der Simmete“, an der Kirche vorbei, gelangen wir zur Niedensteiner Straße, gehen auf der nach links weiter bis zur Gänsefeldstraße (rechts), die uns hinüber zum Kulturhaus und der Langenbergkampfbahn leitet. Auf der Straße „Am Sportplatz“ zwischen Kälberwiesen (rechts) und Mühlenfeld (links) wandern wir zum Wald hin. Ab dort führt uns das Zeichen nach links am Waldrand entlang zum Parkplatz „Bärwinkel“, wo wir die L 3219 (Großenritte/Niedenstein) überqueren. Auf einer breiten Schneise steigen wir hinauf - zuletzt über ein paar Stufen - zum Bensberg. Am dortigen Parkplatz endet unsere Markierung.
Wir überschreiten erneut die L 3219 und finden gegenüber dem Parkplatz unsere neue Markierung X 2. Sie führt uns in einem Bogen um den Niedensteiner Kopf herum - man sollte allerdings schon hinauf zum Hessenturm steigen (angezeigt) - nach Niedenstein, unserem heutigen Ziel, das wir über Treppen am Rathaus an der Place Saint Gemer de Fly (Partnerstadt) erreichen.

Wissenswertes:
Baunatal: Ersterwähnung 775 im Breviarium S. Lulli als Rittahe (dem späteren Ritte). 1015 stellt Kaiser Heinrich II. eine Urkunde aus, wonach er 6 Hufen in Bunun (Bauna) gegen ein Gut in Thüringen tauscht. 1123 bestätigt Erzbischof Adakbert I. v. Mainz dem Kloster Hasungen Schenkungen in Aldenbune und Kilechnune (Kirchbauna).

1155 erscheint im Güterverzeichnis des Klosters Hasungen erstmals der Name „Aldenritte" und 1303 belehnt Landgraf Heinrich den Rittern Joh. Riedesel mit Gütern in „Wenigen Ritte" (Altenritte) und „Grosin-Ritte" (Großenritte). Im 30jährigen Krieg verheeren Tilly und die Kroaten das Baunatal. 1768 kommt es beim Bau des Schlosses Weißenstein (Wilhelmshöhe) zum ersten Streik der Baunataler Bauern. 1903 fährt die Naumburger Kleinbahn zwischen Kassel und Elgershausen erstmals.

1964 schließen sich die Gemeinden Altenbauna, Altenritte und Kirchbauna zur Gemeinde Baunatal zusammen, durch das Dazukommen Großenrittes entsteht 1966 die Stadt Baunatal (Rengershausen und Guntershausen kommen 1972 dazu).

Niedenstein: Ersterwähnung 1254 als Ritter Konrad v. Elben zu „Nydensteyne in nostro castro" bekundet, daß der Edle Herbert v. Wichdorf seine Güter in Mandern dem Kloster Haina übereignet. Wahrscheinlich war Konrad auch der Gründer des Ortes. Das älteste Stadtsiegel wird 1343 erwähnt. Ob die Burg im Mainzer Krieg 1387 zerstört wurde, ist zweifelhaft. Wahrscheinlich spielte sie bereits damals keine strategische Rolle mehr. Die Stadtmauer wird 1388 genannt. Sie besaß drei Tore und ist wohl im 30jährigen Krieg zerstört worden. Schon 1269 ist eine Kirche nachweisbar, die 1343 erneuert wurde. Das Patronat gehörte den v. Elben und fiel nach deren Aussterben 1536 an den Landgrafen. Die Kirche wurde 1526 in eine ev.-luth., 1607 in eine ev.-reform. Kirche umgewandelt. 1647 brannte sie nieder, wurde 1654 bereits wieder aufgebaut und 1777 durch die heutige ersetzt. Vor der Stadtmauer lagen die seit 1395 erwähnte Kapelle der „11 000 Jungfrauen" und die 1496 genannte, wohl 1493 errichtete St. Jost-Kapelle vorm Untertor. Sie war der Vorläuferbau des 1610 von der Stadt erbauten Siechenhauses, das im folgenden Jahre von der Gemeinde Wichdorf gewaltsam abgerissen wurde.

Tips vom Start bis zum Ziel

Ausgangsort: Parkplatz an der Leisel in der Nähe der Baunataler Werkstätten an der Kirchbaunaer Straße, hinter der Leiselbrücke, rechts.

Anfahrt: Mit der Straßenbahn Linie 5 oder 7 bis Endstation Altenbauna, Porschestraße. Dann Richtung Stadt zur Feuerwehr, dort unter der Unterführung durch, an der Kirche vorbei, Lohweg nach rechts bis zur Heinrich-Nordhoff-Straße, hier nach links an der Shell-Tankstelle vorbei bis hinter Leiselbrücke. Dort der Parkplatz, rechts.

Rückfahrt: Ab Niedenstein mit Bus, Kursbuch Nr. 5253.

Streckenlänge: Ca. 11 km.

Markierungen: Ab Parkplatz Baunatal „Weißer Winkel", ab Parkplatz „Bensberg" X 2.

Parkmöglichkeiten: Entfällt, da Streckenwanderung.

Einkehrmöglichkeiten: Baunatal, Niedenstein.

Anmerkungen: Ab Bensberg ist der Weg zum Teil durch Holzabfuhr ziemlich zerfahren, jedoch gut markiert. Nach Regen ist festes Schuhzeug dort sehr zu empfehlen.

Route 24: Rundwanderung

Über Balhorn in das "Lindchen"

Bad Emstal mit seinem Hauptort Sand mausert sich immer mehr. Der neue Kurpark oberhalb der Therme zusammen mit dem Pflanzgarten an der Therme bieten den Besuchern Ruhe und Erholung. Ein gut ausgeschildertes Wegenetz läßt aber auch die Aktiven zu ihren Rechten kommen. Nutzen wir es also diesmal wieder für eine "mittlere" Tour.

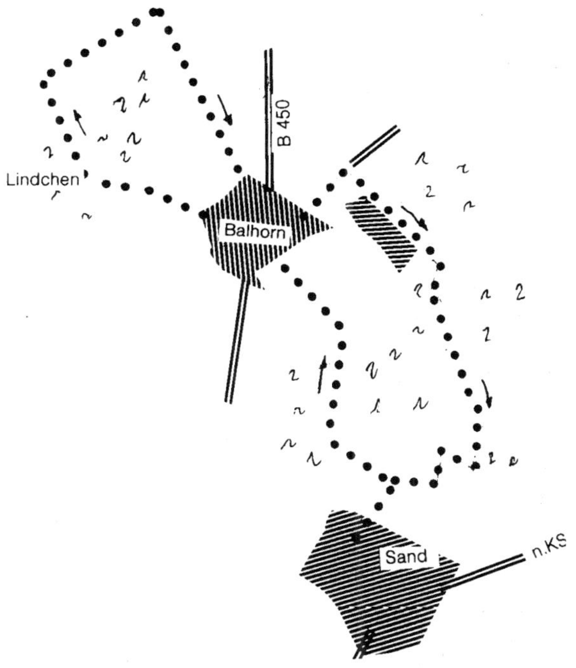

Wegbeschreibung:
Vom Thermalbad steigen wir die Treppe hinauf zum neuen Kurpark, durchwandern ihn, marschieren dann auf der "Karlsbader Straße" am Hotel "Emstaler Höhe" vorbei bis zur "Nauheimer Straße", von der nach wenigen Metern nach rechts ein asphaltierter Feldweg an der Bahnhaltestelle "Kurpark" vorbei in die Felder Richtung Wald führt.
Am ersten Querweg müssen wir nach links (Schild), erreichen den Wald, den sogenannten "Spieß", an dessen Ende wir eine Schutzhütte finden. Hier biegen E1 und E3 nach rechts ab. Wir wandern hinab in die Senke und dann halb links über den Krähenberg nach Balhorn hinein bis zur Kreuzung Sparkasse/Lebensmittelmarkt. An Letztgenanntem links vorbei - nächste Markierung an einem Ziegelsteinpfosten - bis zur B 450, auf der ca. 150 Meter nach links und schließlich nach rechts in die kleine Gasse, die in die Felder führt. Vor uns sehen wir dann bereits das Waldstück "Lindchen", das wir durchqueren, um dann nach rechts abzubiegen auf den Wiesenpfad (halb links voraus Hinweispfahl).
Nach etwa 800 Metern geht´s nach rechts weiter Richtung Balhorn bis zur B 450. Wir kreuzen die Straße und gehen weiter bis zum Lebensmittelmarkt. Hier schwenken wir nach links und marschieren bis zur Abzweigung "Zum Distelberg".
Die Siedlung müssen wir nun durchqueren, kommen in den Wald hinein und biegen dann nach ca. 500 m rechts ab. Auf diesem sogenannten Mühlenweg wandern wir - zusam-

men mit E3 und 4 - am Erzeberg entlang zum Lauseküppel, dort nach rechts am Wald entlang und schließlich durch die Felder nach links zurück nach Bad Emstal.

Wissenswertes:
Sand: Im 15. Jh. zum Sande genannt; an der Ems gelegen; 1074 erscheint in einer Urkunde des Klosters Hasungen der Ort Moteslari (Mutzlar), auf dessen Gebiet später Sand entsteht. 1209 wird im Zinsregister des St.-Petri-Stiftes zu Fritzlar auch Mutzlar erwähnt. 1242 erwirbt das Kloster Merxhausen von den Herren von der Schauenburg u.a. auch die Siedlung Mutzlar. 1354 übergeben Hermann Ritter v. Elben und seine Frau Else dem Kloster zu Breitenau ihr Gut "zum Sande Mutzlar". 1462 erscheint dann Sand als neuerbautes Dorf in der Gemarkung Mutzlar, nachdem es 1448 noch wüst genannt wurde. 1510 wird in Sand ein Gotteshaus errichtet, das 1519 als "capella zum Sande" erstmals erwähnt wird. Am 26.9.1632 überfallen die Kaiserlichen das Dorf Sand, plündern es aus und zerstören am gleichen Tag die Burg Falkenstein. 1692 wird in Sand das erste Kirchenbuch geschrieben und 1732 erhält der Ort das Braurecht. Am 15.3.1976 sprudelte erstmals aus einem 795,5 m tiefen Bohrloch Thermalwasser. Sand ist seit 1992 Bad und gehört als OT zum heutigen Bad Emstal ebenso wie
Balhorn: Um 800 Balahorna in pago Hassorum genannt. Das Gebiet war früh besiedelt, Funde aus der Altsteinzeit (Schaber, Arbeitsgeräte aus Feuerstein) bis zur Neuzeit. Um 300 v. Chr. Gründung der Siedlung. 774 wird der Ort im breviarium sancti Lulli genannt. 1340 erhält Balhorn durch Landgraf Heinrich II. Stadtrechte. Das Rathaus, am Eingang zur Teichhecke gelegen, wurde erst 1863 abgerissen. 1342 werden erstmals Kirche und Kirchhof genannt. 1367 ist Balhorn Sitz einer Pfarrei. Am 29.9.1631 Plünderung Balhorns durch die Kaiserlichen. Das älteste Kirchenbuch stammt aus dem Jahre 1653. Für 1890 Taler baut die kirchliche Gemeinde zwischen 1743 bis 48 eine Kirche, die den heutigen Chorraum umfaßt. Der Kirchturm stammt aus dem Jahre 1448. 1843 wird in Balhorn eine neue Schule gebaut. Kirche - ehem. Wehranlage, Turmhaube 1724. Schiff 1894 durch Seitenschiffe erweitert.

Tips vom Start bis zum Ziel

Ausgangsort: Bad Emstal, OT Sand
Anfahrt: Nichtmotorisierte - mit dem Bus, Kursbuch Nr. 13 (Kursbuch Kassel u. Region) bis Bad Emstal, OT Sand. Motorisierte - B 250 bis Breitenbach, OT v. Schauenburg, dann auf Landstraße bis Bad Emstal.
Rückfahrt: Wie Anfahrt.
Parkmöglichkeiten: Parkplatz am Thermalbad.
Streckenlänge: ca. 13 km.
Markierungen: E2 gelb.
Einkehrmöglichkeiten: Bad Emstal, Balhorn.
Anmerkungen: Die Markierungen sind vorzüglich ab Eisenbahnübergang im Kurviertel.

Martinhagen (rechts).

Die Kugelsburg bei Volkmarsen (oben). Die Weidelsburg bei Ippinghausen (unten).

Das Residenzschloß in Arolsen (oben). Blick auf den Edersee (unten).

Morgenstimmung im Elbetal bei Altendorf (oben) und im Naturpark Habichtswald (unten).

Route 25: Rundwanderung

Über Altenburg und den Falkenstein

Wegbeschreibung:

Heute schlagen wir Ihnen eine richtig schöne Waldwanderung vor. Von der Bad Emstaler Gemeindeverwaltung aus queren wir nach schräg rechts die Kasseler Straße, gehen an der Buchhandlung vorbei in den Niedensteiner Weg hinein und erreichen über ihn und die folgende Feriendorfstraße am Bergcafé vorbei das Feriendorf. Wir wandern nun geradeaus weiter im Emsgrund entlang bis zu den Forellenteichen, wo wir nach rechts bergan zur „Engels Ruh" - benannt nach der Botenfrau Engel, die sich auf ihren Gängen zwischen Sand und Niedenstein hier ausruhte (Steinbank) - marschieren. Von dort aus müssen wir nun nach links steil hinauf zur Altenburg. Oben, wo der Weg zum Gang über das Plateau abzweigt - nach rechts - gehen wir nach links weiter. Nach etwas über einen Kilometer - Höhepunkt 397,2 - schwenkt unser Weg nach links ab und wir erreichen nun auf einem Fußweg die Senke unterhalb der Burg Falkenstein. Der Anstieg zur Ruine lohnt sich auf jeden Fall. Unsere Markierung E 5 führt uns dann aus der oben genannten Senke hin zu einer Forststraße, auf der wir nach rechts hin bis kurz vor den dortigen Parkplatz an der Straße Niedenstein/Breitenbach wandern. Hier nun aber müssen wir - X 2 - nach links weiter. Am Waldrand nach weiteren

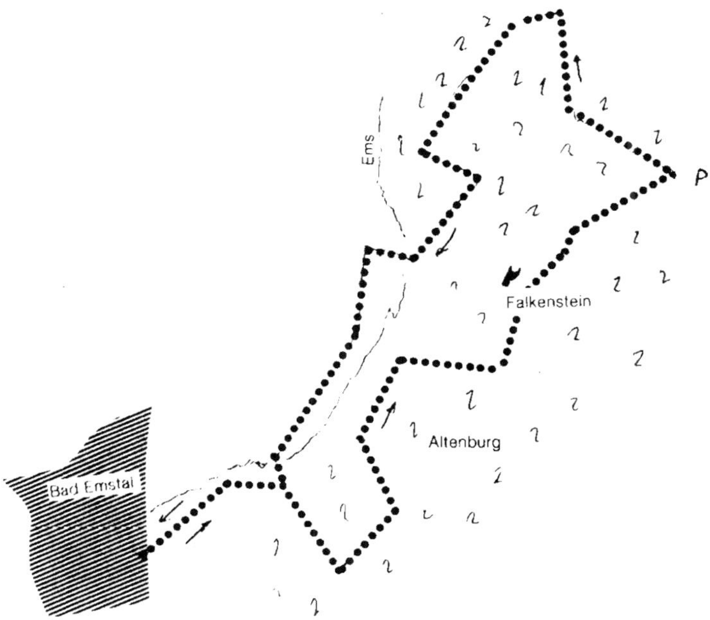

ca. 1,5 km - noch vor den Steinbrüchen an der Straße Breitenbach/Bad Emstal - biegen wir dann nach links ab und folgen unserer Markierung auf der Waldstraße bis zum Emsgrund außerhalb des Waldes. Von hier aus benutzen wir schließlich nach links hin den asphaltierten Weg, der uns im Emsgrund wieder zurück nach Bad Emstal, OT Sand, leitet.

Wissenswertes:

Die Altenburg: Entstanden in der Spätlatènezeit (La Tène = Fundort einer Kultur, die sich um 500-450 v. Chr. aus dem östlichen Zentraleuropa schwerpunktmäßig westwärts zum Mittelrhein verschob; Fundort liegt am Neuenburger See/Schweiz). Sie ist eine der großartigsten prähistorischen Anlagen Nordhessens in der Art einer befestigten Bergstadt (oppidum), deren Gesellschaft außerordentlich vielschichtig gegliedert war. Es gab Fürsten, Handwerker, Bauern und wohl auch Sklaven. Gräben und Wälle, Reste von Mauern, Zisternen und Gebäude wurden bereits ausgegraben. Z.Zt. laufen in den Sommermonaten weitere Grabungen (Uni Marburg). Die Annahme, daß es sich bei der Altenburg um Mattium, den Hauptort der Chatten, handelt, den lt. Tacitus der römische Feldherr Germanicus im Jahre 15 n. Chr. zerstört habe, läßt sich heute nicht mehr halten. Wie viele andere Höhensiedlungen dieser Zeit ist wohl auch die Altenburg bereits vor Beginn der römischen Feldzüge verlassen worden.

Falkenstein: Die Burgruine liegt mitten im Walde auf einem schroffen Basaltkegel. Der Burgberg gehörte ehemals zum äußeren Bereich der auf einer benachbarten Kuppe liegenden Altenburg, mit der sie durch einen breiten Sattel in Verbindung steht. 1346 erfolgt die erste Nennung, als Landgraf Heinrich II. die damals wüste Burg, die wohl eine Hinterlassenschaft des Grafen Werner zur Zeit Kaiser Heinrichs IV. war, an die Herren v. Hund für 452 Mark Silber verpfändete mit dem Auftrag, die Burg mit Mauern und Gräben für zusätzlich 170 Mark Silber wieder instandzusetzen. 1597 wüst. Erhalten sind v.a. die Wände des Palas.

Tips vom Start bis zum Ziel

Ausgangsort: Bad Emstal, OT Sand.
Anfahrt: Bus, Linie 13 ab Kassel-Hbf. Nichtmotorisierte - Konrad Adenauer-Straße - B 520 bis Breitenbach, dort nach links über die Landstraße nach Bad Emstal.
Rückfahrt: Wie Anfahrt.
Parkmöglichkeiten: Vor und hinter der Gemeindeverwaltung.
Streckenlänge: Ca. 11 km.
Markierungen: E 5.
Einkehrmöglichkeiten: Bad Emstal.
Anmerkungen: In der Kurverwaltung erhalten Sie eine gute Karte, die auch diese Wanderung beinhaltet (1:25 000). Anstiege zur Altenburg und zum Falkenstein, jedoch nicht schwierig.

Route 26: Streckenwanderung

Über den Klauskopf nach Züschen

Wir haben diese Wanderung an einem heißen Tag gemacht und kamen dabei ganz schön ins Schwitzen. Besser ist es, morgens zu starten!

Wegbeschreibung:
In Sand müssen wir zuerst einmal Richtung Feriendorf ins Tal, dort hinter der Brücke nach rechts und gleich wieder nach links (Niedensteiner Weg) am Bergcafé bergauf. Am Wald dann nach rechts an der "Ponderosa" vorbei und dann, vor der Straße noch,

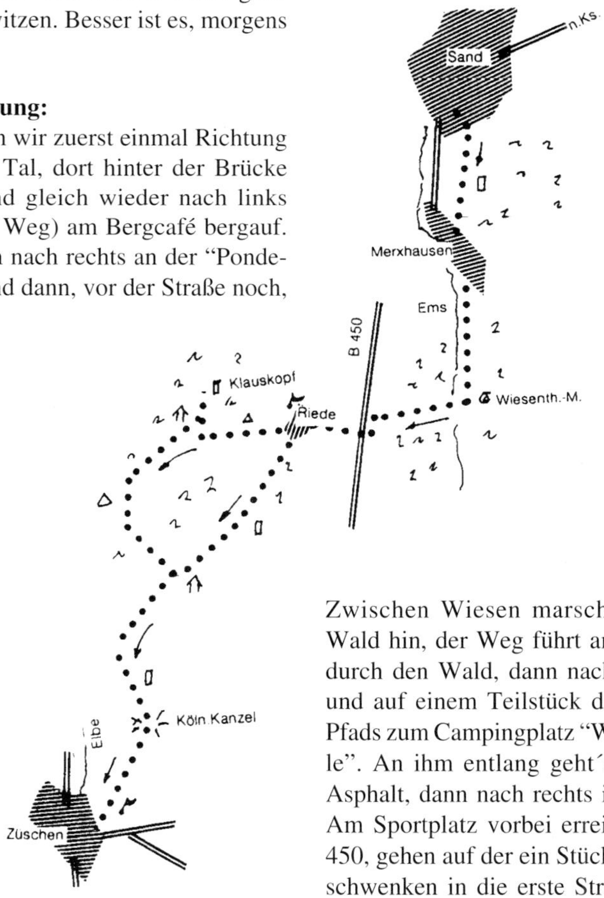

nach links auf schmalem Fußpfad bis zu einer Forststraße, auf der wir nach rechts einschwenken. Sie führt uns am Ehrenfriedhof vorbei, am Rondell nach links (alles immer Markierung □) an der Straße entlang nach Merxhausen. Hier queren wir die Wichdorfer Straße, wandern durch das Villenviertel und biegen dann nach links ins Emstal ein. Zwischen Wiesen marschieren wir zum Wald hin, der Weg führt am Hang entlang durch den Wald, dann nach rechts ins Tal und auf einem Teilstück des Trimm-dich-Pfads zum Campingplatz "Wiesenthalsmühle". An ihm entlang geht´s ein Stück auf Asphalt, dann nach rechts im Walde hoch. Am Sportplatz vorbei erreichen wir die B 450, gehen auf der ein Stück nach links und schwenken in die erste Straße nach rechts ein. So kommen wir nach Riede, queren den Ort, erreichen am Gutshof derer v. Buttlar den Schloßpark. Am dortigen Parkplatz finden wir nun unsere andere Markierung, das Dreieck, dem wir bis zum Strohtempel folgen. Von hier aus sollten wir den Klauskopf mit dem Aussichtsturm erklimmen. Wieder zurück zum Strohtempel folgen wir dem Dreieck, das uns in einem Linksschwenk durch den Wald, dann durch Felder bis kurz vor den Grillplatz führt. Hier nun kommen wir wieder auf unsere ursprüngliche Markierung, der wir durch die Wiese zum Wald hin folgen. An der Hütte müssen wir dann nach rechts und wandern durch Buchenwald durchs Lohner Holz, bis wir an der sogen. Kölnischen Kanzel unterhalb des Steinbruchs nach rechts abbiegen. Durch Felder und Wiesen wandern wir nun hinab nach Züschen.

Wissenswertes:

Sand: Ein Ort erscheint 1074 als Moteslare, 1145 als Muteslar. In einer Breitenauer Urkunde von 1354 heißt es "zcum Sande Mutzlar" und in einer anderen von 1358 "Mutzlar dict. tzum Sande prope Merkshusen". Kirche (in Sand) - Unterbau des spätgotischen Chorturms 1510, 1910 westlich erweitert und verändert. Thermalquelle seit 1976 (Bohrloch 795,5 m tief), westl. des Dorfes Thermalanstalt (34 Grad C). Siehe auch Route 24.

Merxhausen: 973 Marcharohusen; 1213 als Augustiner-Stift Johannesfeld gegründet auf dem Besitz der Fam. v. Blumenstein. Kirche 1213-56, ursprünglich romanisch, um 1300 umgebaut und mit gotischem Chor versehen. Seit 1489 Chorherrenstift. Klosterbauten nach Brand von 1489 wiederaufgebaut. Von den ehem. Klostergebäuden steht noch der Südflügel mit hofseitigem Erkervorbau und Mansarddach. Klosterauflösung 1527, seit 1533 Hospital, jetzt Landesheilanstalt.

Riede: 1074 Reithum, Riethe; 1453 zum Ryde. Ursprünglich im Besitz des Klosters Merxhausen, seit 1824 gehört das Gut den Freiherren v. Buttlar. Kirche - im Wirtschaftshof des Gutes; 1674 errichtet. Westl. des Ortes am Steinkopf Obelisk um 1774 und Erinnerungsstein, sog. Teestein, 1789.

Züschen: 740 Tuischinun - Name vielleicht aus frühgeschichtlicher Zeit. 1237 wird ein Ortsadel genannt. 1322 als Stadt erwähnt. Kirche - trapezförmiger Bau mit Westturm, Westwand mit Portal (jetzt innen) und Südwand von einer 1357 erbauten gotischen Kapelle, im übrigen Neubau 1604-09. Altes Schloß in der Südostecke der Stadtbefestigung, Herrenhaus 16. Jh. mit Erker, 1862 verändert. Schloß Garvensburg - historisierender Bau, 1894-98. Im Ort Fachwerkhäuser des 17.-19. Jh. Elbebrücke 1747, mit Wappen und Inschriftensteinen. Reste der ehem. Stadtmauer und zwei Rundtürme, 14. Jh. erhalten.

Tips vom Start bis zum Ziel

Ausgangsort: Sand, OT von Bad Emstal.
Anfahrt: Bus, Linie 13 ab Kassel-Hbf.
Rückfahrt: Bus, Kursbuch Nr. 5254 bis Fritzlar, dann Kursbuch Nr. 50 (Bus).
Parkmöglichkeiten: Entfallen, da Streckenwanderung.
Streckenlänge: ca. 21 km.
Markierungen:], Abstecher ab Riede bis Grillplatz ▲, und weiter □.
Einkehrmöglichkeiten: Sand, Wiesenthalsmühle, Riede, Züschen.
Anmerkungen: Die Wanderung führt nicht nur durch den Wald. Es empfiehlt sich, etwas Trinkbares mitzunehmen. Auf der ganzen Wanderung gibt es immer wieder Bänke, auf denen man rasten kann.

Route 27: Rundwanderung

Wald und Stille im schönen Urfftal

Zwei Dinge haben wir auf dieser Wanderung sehr genossen: den Wald und die Stille. Wer nicht andauernd schwätzt, wird sogar Rehe und Hasen und viele Vögel sehen. Also: Leise sein bei der Wanderung! Reden kann man bei den einzulegenden Pausen.

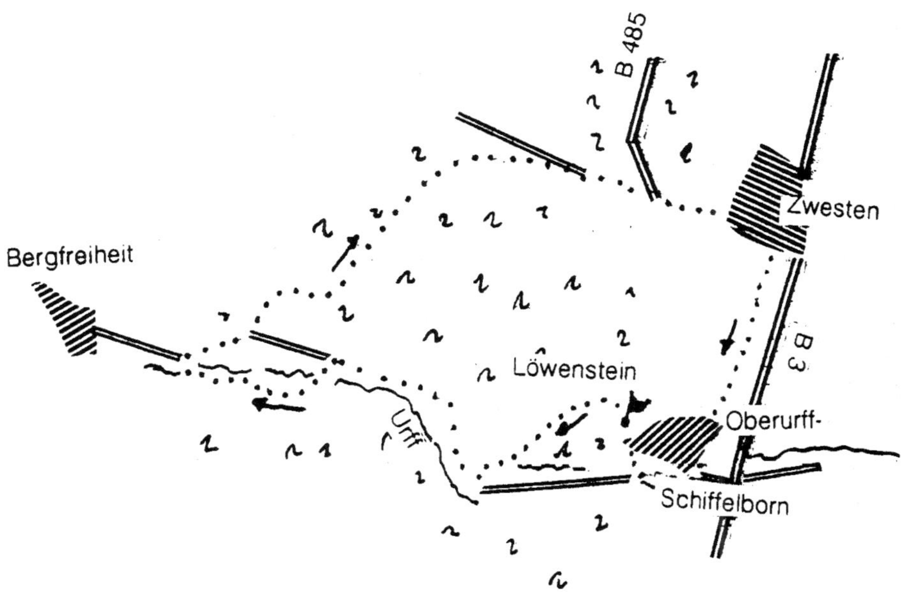

Wegbeschreibung:
Vom Rathaus in Bad Zwesten gehen wir durch die Hauptstraße hinunter zur Bachstraße, kreuzen die und wandern durch die Südstraße am ehemaligen Buttlarschen Herrenhaus (rechts) und dem Friedhof (links) vorbei bis kurz vor die B 3. Hier biegen wir (Z7) nach rechts ab, erreichen so durch die Felder Oberurff, wo wir die Brücke überqueren und danach nach rechts in die Straße nach Bergfreiheit (K 61) einschwenken. An der von buttlarschen Reitschule (rechts) entlang kommen wir auf einem gepflasterten Fuß-/Radweg zu einem Angelteich, den wir nach rechts ein Stück umgehen, um dann über eine Brücke eine asphaltierte Straße anzusteuern, die uns nach rechts (immer noch Z7) hinauf nach Schiffelborn bringt. An der Straße Am Büschelchen müssen wir nach links, kommen zu einer Straßenkreuzung(!) und erklimmen nach links hin den Berg, auf dem die Reste der einstmals bedeutenden Burg Löwenstein stehen.
Nachdem wir uns dort ein bißchen umgesehen haben, kehren wir zur Straßenkreuzung zurück und vertrauen uns nun nach links hin der Markierung Z1 an. Auf einem Forst-

weg geht es hinab zur K 61, auf der wir nach rechts hin weitermarschieren, an einer Anzahl von Fischteichen entlang (Forellen- und Lachsverkauf!). Am Ende der Anlagen zeigt unser Z1 uns den Weg über die Urff und dann nach rechts weiter. Bald finden wir rechts an einem Baum die Markierung "ZW-Keller". Hier müssen wir wieder nach rechts zur K 61.
Wer will, kann nun nach links zur Hardt-Mühle (Gasthaus) und nach Bergfreiheit. Wir aber marschieren auf der K61 nach rechts, müssen dann aber bald schon (Z1) nach links hinauf, wandern am Hang mit prachtvollem Blick nach rechts ins Urfftal entlang und kommen schließlich an das steilste Stück unserer Wanderung.
Nachdem wir das bewältigt haben, geht´s immer schön langsam bergab, am "Kalkofen" (Buche) vorbei mit Blick auf den Gershäuser Hof immer am Hang des Ortsbergs entlang bis zur Straße Zwesten/Gershäuser Hof. Auf der gehen wir eine kurze Weile nach rechts, kommen so zur B 485, an der wir nun nach rechts im Wald entlang wieder Zwesten erreichen (am Ortsrand bitte Z1 geradeaus verlassen).

Wissenswertes:
Bad Zwesten: Um 800 Tuwesten genannt; 1635-48 schwere Kriegsleiden, ebenso im 7j. Krieg (1756-63) und während der französischen Fremdherrschaft.
Oberurff: 1235 superior Urphe. Kirche - 176, Saalbau mit Haubendachreiter. Schükkingscher Hof - ursprünglich regelmäßige viereckige Wasserburg, Herrenhaus - Freiherr v. Buttlar, 18. Jh.
Burg Löwenstein: Auf einem Basaltkegel gelegen, von den Edelfreien v. Bischofshausen erbaut, 1253 zuerst erwähnt.
Bergfreiheit: 1254 Nüsezen genannt. Im 16. Jh. Errichtung eines Kupferbergwerkes. Auf der Freiheit entstand eine Siedlung, die sich 1584 Bergfreiheit nennt.

Tips vom Start bis zum Ziel

Ausgangsort: Bad Zwesten.
Anfahrt: Nichtmotorisierte - mit DB bis Borken, Kursbuch Nr. 620, dann BKW-Bus bis Bad Zwesten (Abfahrtzeiten bitte bei Kurverwaltung erfragen, Tel. 05626/ 773). Motorisierte - BAB bis Borken, dann B3 bis Bad Zwesten.
Rückfahrt: Wie Anfahrt.
Parkmöglichkeiten: Dauerparkplatz bei der Raiffeisenbank (Tennisplätze) in der Kasseler Straße.
Streckenlänge: Ca. 15 km.
Markierungen: Zuerst Z7, dann Z1.
Einkehrmöglichkeiten: Bad Zwesten, Oberurff-Schiffelborn, Bergfreiheit.
Anmerkungen: Die Wege sind zumeist recht gut begehbar. Es gibt einige sehr steile Stellen, die einen ganz schön außer Puste bringen. Wer will, sollte in Bergfreiheit, das wir allerdings nur tangieren, das Besucherbergwerk besuchen (geöffnet: Mai-Nov., 14-16 Uhr).

Route 28: Streckenwanderung

Von Borken durchs Bergbaurevier

Wegbeschreibung:
Vom Borkener Bahnhof aus wandern wir, unserer Markierung folgend, durch die Bahnhofstraße an der Kirche vorbei aufwärts zum Stadtwald auf den 299 m hohen Weinkopf, von dem aus man eine prachtvolle Aussicht hat. Durch Felder müssen wir weiter zur Straße nach Stolzenbach, auf der wir schließlich nach rechts hin den genannten Ort erreichen. Von hier aus steuern wir durch Felder wiederum den Wald an, marschieren am Osthang des 278 m hohen Leutebergs nach Welcherod. Unsere Markierung leitet uns, den frühgeschichtlich sehr interessanten, 339 m hohen Sendberg rechts lassend, zur B 254 und dem an dieser Bundesstraße liegenden Frielendorf, unserem diesmaligen Ziel.

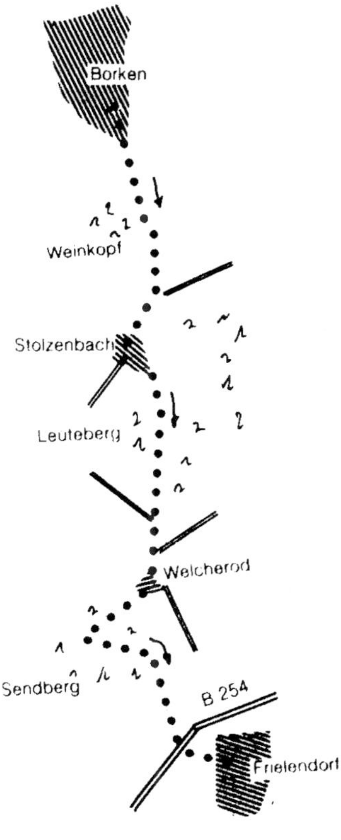

Wissenswertes:
Borken: Im Breviarium Lulli aus dem Jahre 775 „Burcun in pago Hesorum" genannt. 1310 Vertrag zwischen Ziegenhain und Hessen über die Gründung der Stadt Borken als Gegengewicht zum mainzischen Fritzlar. Danach Ausbau des Dorfes zur Stadt, im Mittelpunkt die Burg, nach der sich bereits seit 1108 eine Adelsfamilie nennt. Die Stadt hatte nie eine Ummauerung, jedoch zwei Stadttore, die 1793 und 1817 der Spitzhakke zum Opfer fielen. Im Bruderkrieg zwischen den hessischen Landgrafen wurden Burg und Stadt 1469 in einem sechstägigen Kampf von Landgraf Ludwig II. von Niederhessen erobert und zerstört; die Burg blieb Ruine (Burg stand hinterm heutigen Amtsgericht). Im 30j. Krieg schwere Heimsuchungen: 1631 durch Tilly, 1635 durch die Kroaten, 1636 durch die Polen. 1640 Niederlage der Kaiserlichen bei Borken, wodurch auch die Stadt litt. Da an einer wichtigen Durchgangsstraße gelegen, ging auch der 7j. Krieg nicht spurlos an der Stadt vorüber. Vor 1900 Förderung erdiger Braunkohle bei Arnsbach und Gombeth, nach dem Ersten Weltkrieg ging man dann zum wirtschaftlicheren Tagebau über. Zugleich baute die Preußische Elektrizitäts-AG (PREAG) ein Großkraftwerk. Die Braunkohle, gebildet im Jungtertiär, lagert im Schwalmgrund und südlich von Borken bis in den Raum Frielendorf direkt unter der Oberfläche. Kirche - 1845-46, romanisierender Saalbau mit Apsis.

Bergbaumuseum Borken: Das erste Spezialmuseum zum Braunkohlebergbau in Deutschland. Es befindet sich im ehemaligen Amtsgericht, einem Fachwerkgebäude aus 1473 und dokumentiert die 400jährige Geschichte des ältesten deutschen Braunkohlereviers: Darstellung der Revierentwicklung, der Bergbautechniken, Verwendung der Braunkohle als Rohstoff, soziale Situation der Bergleute u.a. Bei der Führung durch den Besucherstollen zeigt sich die Welt eines Braunkohlentiefbaus: Charakteristische Ausbau- und Abbaumethoden aus den verschiedenen Bergbauperioden mit funktionstüchtigen Maschinen. Geöffnet: Di + Do 10-12 Uhr, Di-So 14-17 Uhr, Mo Ruhetag; Gruppenführungen nach Vereinbarung, (Tel. 05682/5738).

Stolzenbach: Um 1250 Stolzinbach; gehörte 1302 zur Vogtei Dillich; seit 1950 Braunkohlentiefbau, dort 1988 Explosionsunglück, bei dem 51 Bergleute ihr Leben ließen.

Sendberg: An verschiedenen Stellen Hünengräber, im Volk „Römergräber" genannt. 1234 hieß er Samidenberg, Anfang 16 Jh. Simonsberg und in alten Forstakten St. Simonsberg. Hier geistliches Gericht im Mittelalter.

Frielendorf: 1196 Frillingendorf; 1270 von Hessen an die Ziegenhainer Grafen verpfändet; Bau einer Kapelle 1383, Neubau und Weihe 1495; Braunkohlenabbau von 1770 bis 1968.

Tips vom Start bis zum Ziel

Ausgangsort: Borken.
Anfahrt: Mit der DB bis Borken, Kursbuch Nr. 620.
Rückfahrt: Ab Frielendorf mit Bus, Kursbuch Nr. 5243 bis Melsungen, ab dort Kursbuch Nr. 610.
Parkmöglichkeit: Entfällt, da Streckenwanderung.
Streckenlänge: Ca. 12 km.
Markierungen: X 12.
Einkehrmöglichkeiten: Borken, Stolzenbach, Welcherod, Frielendorf.
Anmerkungen: Die Strecke ist gut markiert, ein „Fehllaufen" nicht gut möglich. Es empfiehlt sich die Mitnahme der Grothus Knüllgebirgskarte 1:50 000.

Route 29: Streckenwanderung

Von Fritzlar nach Melsungen

Wir hoffen, daß auch Sie einen so schönen Sonnentag, wie wir ihn hatten, erwischen. Wenn es sehr kalt ist, sollte man sich schon recht warm anziehen, denn auf den freien Flächen kann es doch ganz anständig ziehen.

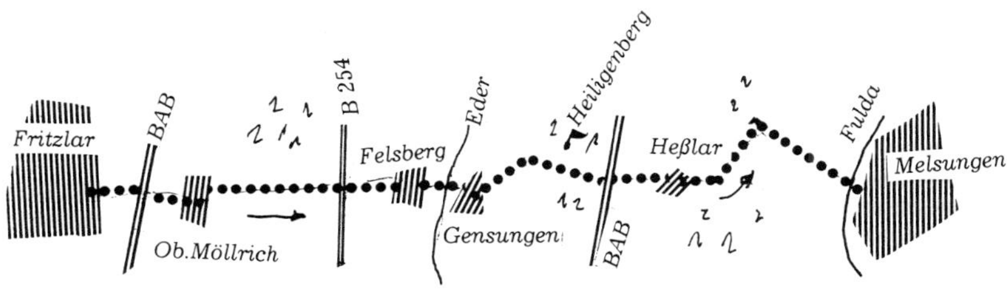

Wegbeschreibung:
Wir gehen vom Busbahnhof durch die Kasseler Straße hinüber zum Markt und von dort durch die Frauenmünsterstr. zum Dom. Hier nach rechts weiter auf festem Fußweg zur Eder, an der entlang linksuferisch zur Autobahn, die wir unterqueren und dann Obermöllrich nach links hin umgehen. Wir sind nun auf der alten Sälzerstraße, wandern am Bonner Holz entlang, kreuzen die B 254 und sehen schon bald von weitem den Butterfaßturm der ehemaligen Burg Felsberg. Die Stadt gleichen Namens erreichen wir dann an der ehem. Ziegelei vorbei. Hier queren wir die Eder, wandern durch Gensungen hinauf auf den Heiligenberg, wo wir schon, allein der schönen Aussicht ins Edertal wegen, eine Rast einlegen sollten. Nach Verlassen des Waldes biegt der Ederhöhenweg, der uns seit Fritzlar begleitete (Markierung E) nach links ab, während wir auf dem X 8 bleiben. Wir unterqueren die BAB A 7, spazieren durch Heßlar und müssen dann wieder ein bißchen aufwärts zum Wald, den wir durchqueren (vom jenseitigen Rand oberhalb des Hofes Kuhmannsheide ein schöner Blick ins Fuldatal) und schließlich am Hof Mittelhöhe vorbei bergab Melsungen erreichen.

Wissenswertes:
Fritzlar: Im 8. Jh. Frideslare, 724 Missionstätigkeit und Klostergründung des hl. Bonifatius (Büraberg). 774 Überfall der Sachsen; unter Karl d. Gr. Bau einer Königspfalz; 919 Königswahl Heinrichs I., im 10. und 11. Jh. Reichs- und Kirchenversammlungen, seit dem 11. Jh. mainzisch, 1079 im Kampf zwischen Heinrich IV. und Rudolf v. Schwaben zerstört, im 13.-15. Jh. bedeutendster Stützpunkt Mainz' gegen die thüringisch-hessischen Landgrafen. Im 7jährigen Krieg erneute Zerstörung der Stadt. Stadt bis 1803 bei Mainz, dann kurhessisch, seit 1866 preußisch. Benediktinerabtei St. Peter - 724 durch Bonifatius gegründet, 1803 aufgehoben. Ehem. Stiftskirche - romanischer Neubau Ende 11. Jh. über zwei Vorgängerbauten, Um- und Neubau um 1180 bis 1200 (spätromanisch). Im 13. Jh. Langhaus-Neubau, 1232 Paradies vorgebaut. Spätere

Veränderungen im 14. und 15. Jh., 1735 Vorbau sog. "Roter Hals" am ndl. Langhauseingang, gotischer Kreuzgang 14. Jh., im Innern: Gnadenstuhl um 1300, Sakramentshaus 1524, barocke Altäre Dommuseum und Domschatz im ehem Stiftssaal und im Kreuzgang: sakrale kunsthandwerkliche und künstlerische Arbeiten (Kaiser-Heinrich-Kreuz). Minoritenkloster - Franziskaner seit 1237, Kloster 1244 vollendet, 1811 aufgehoben; Kirche - nach 1300 bis Mitte 14. Jh. erbaut, Hallenkirche, im Chor Wandgemälde 14. Jh. Ursulinenkloster - 1147 als Hospital gegründet, seit 1712 Ursulinen. Kirche - 14. Jh., Dachreiter um 1717. Rathaus - im 12. Jh. Vogteihaus, seit 1274 Rathaus, roman. Teile erhalten, 1441 Umbau, Martinsrelief an der Südseite 1441. Hochzeitshaus - 1580-90, Renaissance-Fachwerkbau mit zweigeschossigem Holzerker. In der Stadt Fachwerkbauten des Mittelalters bis zur Neuzeit. Marktbrunnen - 1564.

Obermöllrich: 1234 super Melderike; 1258 Gründung einer Deutschordensvogtei, 1305 letztmals ein Komtur genannt. Kirche - ehem. Deutschordenskapelle 1388, 1755 in Fachwerk erhöht und nach Osten verlängert, 1897 neugotischer Anbau nach Norden, Kanzel barock.

Felsberg: Stammsitz seit 1090 der Grafen v. Felsberg, 1286 Stadt, bis 1809 Deutschordens-Niederlassung. Kirche - Turm 14. Jh., spätgotischer Chor, Komturei-Hauskapelle 13. Jh. Burg - im 30j. Krieg zerstört, Ringmauer romanisch, Bergfried 1388 (Butterfaßturm), Burgkapelle bis 1797 Pulvermagazin, Zwinger mit Schlüsselscharten 14. Jh.

Heiligenberg: ehem. Burg 1185, 1273 von Hessen erobert und zerstört, 1401 Wiederaufbau durch Hessen, danach Verfall, Ruine 1936 freigelegt.

Gensungen: 747 Erstnennung; Kirche - Gotischer Wehrturm um 1400, klassizistischer Saalbau 1824, großer Wehrkirchhof.

Heßlar: 1061 Haselare; Kirche - 18. Jh.

Tips vom Start bis zum Ziel

Ausgangsort: Fritzlar

Anfahrt: Nichtmotorisierte - DB bis Wabern, Kursbuch Nr. 620, dann bis Fritzlar, Kursbuch Nr. 621, oder Bus Kursbuch Nr. 5250 (50). Motorisierte - Autobahn A 49 bis Fritzlar.

Rückfahrt: DB, Kursbuch Nr. 610 ab Melsungen.

Parkmöglichkeiten: Am Busbahnhof in Fritzlar, jedoch Streckenwanderung! Die Autofahrer müssen von Melsungen dann wieder zurück nach Fritzlar (Kursbuch Nr. 5242 jedoch an Sonn- und Feiertagen keine Verbindung.)

Streckenlänge: 24 km.

Markierung: Durchwegs X8 - Barbarossaweg.

Einkehrmöglichkeiten: Fritzlar, Obermöllrich, Felsberg, Gensungen, Heiligenberg, Heßlar, Melsungen.

Anmerkungen: Der Weg ist sehr gut markiert dank der Initiative des Hessisch-Waldeckischen Gebirgsvereins. Es geht fast ausschließlich durch freies Gelände. Wer eine Karte für diese Wanderung braucht, dem sei die des Schwalm-Eder-Kreises "Kurhessisches Bergland" 1:50 000, DM 7,20 sehr empfohlen.

Route 30: Streckenwanderung

Vom Klaus- übern Leichenkopf

Keine Angst - beim Leichenkopf handelt es sich nur um einen Berg, den wir zu überklettern haben. Mit viel Wald ist's diesmal nichts. Ab Lohne geht's fast ausschließlich durch die Felder. Belohnt werden Sie aber durch besonders schöne Ausblicke.

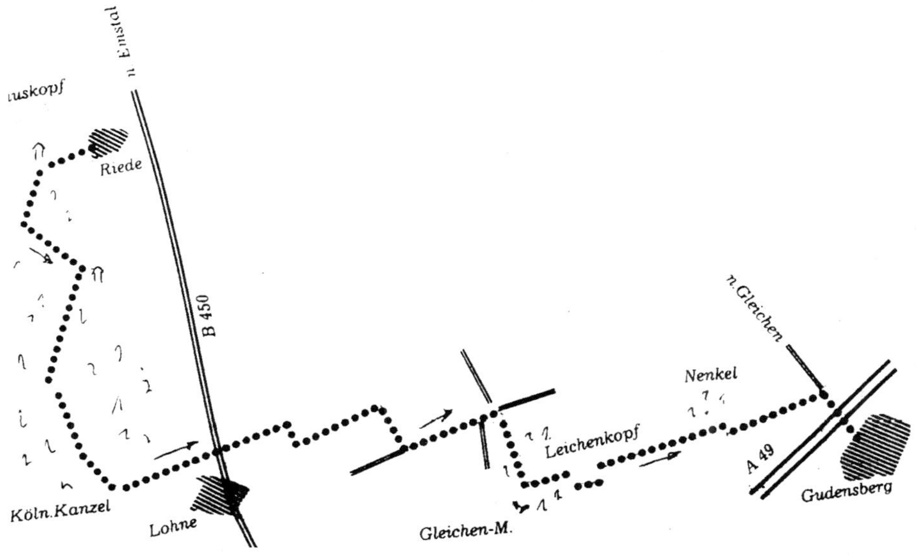

Wegbeschreibung:

In Riede müssen wir erst einmal hinüber zum Schloß. Von dem dortigen Parkplatz folgen wir dem Dreieck bis zum sogenannten Strohtempel. Von hier aus kann man nach rechts hin den Klauskopf mit seinem Aussichtsturm erklimmen. Weiter dann vom Strohtempel in einem Linksschwenk durch den Wald, dann durch Felder bis kurz vor den Grillplatz. Hier finden wir nun das □, dem wir nach rechts durch die Wiese zum Wald hin folgen. An der Hütte müssen wir dann nach rechts und wandern durch den Buchenwald dahin durch Lohner Holz, bis wir zur sogenannten Kölnischen Kanzel kommen, wo wir auf unsere weitere Markierung ⊥ treffen. Sie führt uns nach links hinüber zur B 450. Die queren wir und marschieren auf dem asphaltierten Feldweg bis zum ersten Querweg, auf dem müssen wir nach rechts bis zum ersten Weg nach links. Nun geht's geradeaus weiter auf einem Feldweg bis hinab in den Grund. Hier überschreiten wir den Bach, biegen danach sofort nach rechts ab und erreichen an einem Schuppen vorbei die Landstraße (L 3218), auf der wir nach links hin noch über die Abzweigung Wehren hin gehen. Hinter der Kreuzung nach Kirchberg schwenken wir nach rechts ab - rechts Klärwerk - und wandern nun auf einem Fahrweg hin zur Gleicher Mühle. Kurz vor der

Mühle biegt unser Weg nach links ab, es geht bergan über den Leichenkopf (265 m). Oben müssen wir dann nach rechts weiter und am ehemaligen Steinbruch nach links. Nun wandern wir immer geradeaus auf den vor uns liegenden Nenkel (307 m) zu. An dessen Hang angekommen, biegen wir nach rechts ab, umwandern den Berg (Naturschutzgebiet) bis zur Tafel der Bergwacht Gudensberg. Hier nun müssen wir nach rechts hinab, um dann in den ersten Weg nach links einzuschwenken. Er bringt uns hinüber zur Straße von Gleichen, auf der wir nun nach rechts hin, die A 49 auf einer Brücke überschreitend, nach Gudensberg gelangen.

Wissenswertes:
Riede: 1453 zum Ryde. Kirche - im Wirtschaftshof des Schlosses gelegen, ehemalige Schloßkapelle, 1674 unter Wolrad v. Meysenburg errichtet. Saalbau mit Fachwerktürmchen, Steinkanzel 17. Jh., Schalldeckel 1674. Schloß urspr. Besitz des Klosters Merxhausen, 1443-1809 hessisches Lehen der Familie v. Meysenbug, seit 1824 Besitz der Freiherren v. Buttlar. Siehe auch Route 26.
Lohne: Kirche - romanischer Westturm, ehem. Wehrturm, Oberbau gotisch, Glokkengeschoß und Haube 1665, Schiff 1793, Saalbau mit stuckierter Spiegeldecke, Ausstattung aus der Bauzeit, Orgel 1803; außen spätgot. Relief (Kreuzigung).
Gudensberg: 10. Jh. Wodenesberg, 1121 Udenesberg, 1128 Gutenesberch genannt. Die anstelle einer chattischen Wodans-Kultstätte auf dem heutigen Burgberg angelegte, 1121 zuerst genannte Obernburg, ist im 12. Jh. Sitz des hess. Grafengeschlechts der Gisonen, das 1122 mit dem Grafen Giso IV. erlischt, der erst 1121 die Grafen Werner, Inhaber der nordhess. Grafschaft Maden, beerbt hatte. Durch Heirat von Gisos Tochter Hedwig mit dem Grafen Ludwig v. Thüringen (1131 Landgraf) geht der Besitz mit Gudensberg an Thüringen. Ende 12. Jh. Erhebung zur Stadt, 1324 Hauptstadt v. Niederhessen genannt. Im 13. Jh. die Wenigenburg als Vorfestung angelegt. 1387 Stadt und Burgen durch Mainzer Erzbischof Adolf I., Graf v. Nassau, erobert und zerstört. Kirche - Chor 13. Jh., Schiff 14. Jh. Spätgotik, 1595 verändert, ehem. Gewölbe Mitte 19. Jh. durch Holztonne mit Querrippen ersetzt; Westturm 14. Jh. mit Wendeltreppe, gewölbter Turmhalle und Barockhaube (1736); zwei Wandepitaphien 1574 und 1575. Ehem. Rathaus - klassizistischer Bau von 1839. Hospital - jetzt Altersheim; Ende 13. Jh. gegründet; alter Hospitalbau in Stein um 1400, zweigeschossig, Obergeschoß urspr. für Leprakranke, im Osten kleine Kapelle, Westgiebel mit Dachreiter, über Haupteingang Steinrelief 15. Jh. Obernburg - Unterbau eines romanischen Bergfrieds erhalten; schöner Blick. Wenigenburg - 1387 bereits zerstört, Reste erhalten.

Tips vom Start bis zum Ziel

Ausgangsort: Riede, OT von Bad Emstal.

Anfahrt: Nichtmotorisierte - mit Bus bis Fritzlar, Kursbuch Nr. 5250 (50), dann mit Bus nach Riede, Kursbuch Nr. 5254. Motorisierte - B 520 über Breitenbach, dann B 450 bis Riede.

Rückfahrt: Ab Gudensberg, Kursbuch Nr. 5250 (50) oder 5253.

Parkmöglichkeiten: Wenn überhaupt mit Auto Anfahrt (Streckenwanderung!!!), dann Parkplatz am Rieder Schloß.

Streckenlänge: Ca. 18 km.

Markierungen: Zuerst ▲, dann bis Kölnische Kanzel ▯, danach durchwegs ⊥.

Einkehrmöglichkeiten: Riede, Lohne, Gudensberg.

Anmerkungen: Am besten läßt man das Auto daheim oder aber bittet einen Bekannten, die Anfahrt zu übernehmen. Z.T. ist die Markierung ab Lohne (⊥) schlecht, da nur sporadisch vorhanden. Wir empfehlen die Mitnahme der Karte „Kurhess. Bergland", 1:50 000. Nach Regen sind einige Wege matschig.

Route 31: Streckenwanderung

Wo die Kleinbahn verkehrte

Wer erinnert sich schon daran, daß zwischen 1899 und 1979 zwischen Grifte und Gudensberg eine Kleinbahn verkehrte? Die ehemalige Trasse ist heute ein gut ausgebauter Wanderweg, den zu begehen sich unbedingt lohnt.

Wegbeschreibung:
Vom Bahnhof Grifte aus wenden wir uns nach links und marschieren durchs Grifter Industrieviertel auf der Asphaltstraße der Markierung „Umgekehrtes T“ folgend an der Bahn entlang. Bald hört die asphaltierte Straße auf, auf einem festen Rasenweg - hier

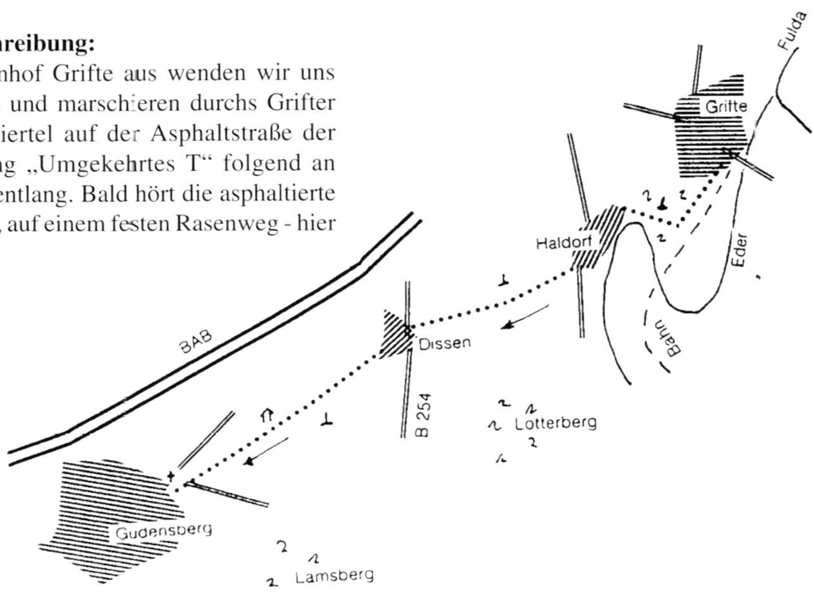

wohl Schwierigkeiten für die Rollstuhlfahrer - steigen wir im Wald empor, erreichen einen Schotterweg, der uns geradeaus zu einem Fußgänger- und Radweg leitet, auf dem wir (immer wieder Ruhebänke) an Felswänden entlang, rechts von uns (links unten die Eder), nach Haldorf wandern. Am Ortseingang finden wir links den Ruheplatz „Ehem. Bahnhof Haldorf“ und einen kleinen hübschen Park. Nachdem wir eine Straße überquert haben, links der Rastplatz „Kleiner Steinbusch“, spazieren wir an Häusern vorbei, dann auf einem Damm weiter, durch die Felder (links der Lotterberg), schließlich durch ein Wäldchen und zum Schluß wieder durch Felder nach Dissen, das wir an der B 254 erreichen. Die Bundesstraße wird überquert (Vorsicht!) und auf dem Fußweg Dissen südöstlich umgangen. Die Trasse führt nun durch die Felder - rechts der Scharfenstein, links in der Ferne der Ort Deute - am Rastplatz „Sonnenborn“ vorbei zum „Kasseler Kreuz“, kurz vor unserem Ziel. Nun geht's durch die Außenbezirke Gudensbergs, an einem Schuppen nach links, zwischen Opel-Vertretung und Traktorfirma zur Straße, auf der ein paar Schritte nach links und dann nach rechts auf einem Fußweg durch einen Park in die Innenstadt. Nach rechts hin kommen wir zur Bushaltestelle

„Rathaus“, von wo aus wir dann zurück nach Kassel fahren.

Wissenswertes:

Grifte: Als Grifethe 1074 in einer Hasunger Urkunde genannt; vom gleichnamigen Ortsadel, der 1597 ausstarb, ist besonders Eckebrecht v. Grifte bekannt, der 1387 im Kampf zwischen Mainz und Hessen die Obernburg bei Gudensberg hielt. Kirche - spätgotischer Westturm, Ende 15. Jh., Spitzhelm mit verschieferten Ecktürmchen, Schiff 1813, klassizistischer Saalbau. Kirchhof mit Resten der Wehrmauer und Schießscharten, 14. Jh.

Haldorf: 1020 in der Lebensbeschreibung des hl. Meinwerk Halthorpe genannt; Ortsadel im 13. Jh. Eine Kapelle 1255 erwähnt, Mitte 19. Jh. abgerissen und nicht wieder aufgebaut. Reste eines wohl 1564 erbauten Turms - unterer Teil der Ostmauer - als Außenwand eines Stalls (kleines Spitzbogenfenster erkennbar) erhalten; davor jetzt Anlage mit Ruhebänken. Bei Haldorf Besiedlungsfunde aus der jüngeren Steinzeit (Jungsteinzeit - Neolithikum: in Europa etwa von 6000-1800 v. Chr.).

Dissen: 1061 Dusinum genannt; einst Poststation an der Straße Kassel-Frankfurt-Koblenz, 1. Pferdewechselstation (es waren 7 Postillone und 28 Pferde notwendig). In der Nähe die Wüstungen Mitteldissen, noch 1312 Dorf, und Unseligendissen, noch 1322 Dorf. Kirche - Westturm 15. Jh., Spitzhelm 1740, in Turmhalle Kreuzrippengewölbe, Schiff 1739; gestreckter achteckiger, innen ovaler Querbau; Orgel Anfang 19. Jh.

Sonnenborn: Rastplatz mit Wassertretbekken und Hütte; Ersterwähnung 1459 „Soenborn“. Die Quelle entspringt einer tertiären Erdverwerfung und war Wasserspender für die alten Siedlungen Mittel- und Unseligendissen; Schüttung: ca. 60000 Liter/Tag.

Scharfenstein: 304 m ü. NN. Basaltkegel, ursprüngl. höher; interessante Trockenrasenflora. Sage: In ihm soll eine verwunschene Prinzessin hausen.

Gudensberg: 1119 de Gudensberch genannt, später - bis 1672 - Wutansberg. Bis 12. Jh. Sitz der Gaugrafen (Grafschaft Maden - seit 1105); nach Aussterben der Grafen Werner (1121) Giso IV. - ansässig auf Burg Hollende bei Wetter - Gaugraf; nach dessen frühem Tode wurde 1122-1247 Hessen Teil der Landgrafschaft Thüringen. Obernburg 1121 zuerst erwähnt, seit dem 18. /19. Jh. verfallen. Wenigenburg 1387 durch Mainz zerstört. Stadt seit Ende 12. Jh., 1324 als Hauptstadt von Niederhessen genannt. Mehrere Stadtbrände (1587, 1640). Kirche - 13. Jh., Chor gotisch, Schiff spätgotisch und 1595 verändert, Westturm 14. Jh., Barockhaube 1736. Hospital - am Westende der Stadt, Ende 13. Jh. gegründet, Hospitalbau um 1400, Kapelle Anfang 15. Jh. Spitalgebäude aus nebeneinandergereihten Fachwerkhäuschen, 1692 erbaut. Siehe auch Route 30.

Tips vom Start bis zum Ziel

Ausgangsort: Grifte, Bahnhof.
Anfahrt: Mit der DB, Kursbuch Nr. 620.
Rückfahrt: Mit dem Bus ab Gudensberg, Haltestelle „Rathaus“, Kursbuch Nr. 5250 (50).
Streckenlänge: Ca. 9 km.
Markierungen: Umgekehrtes T.
Parkmöglichkeiten: Entfallen, da Strekkenwanderung.
Einkehrmöglichkeiten: Grifte, Haldorf, Dissen, Gudensberg.
Anmerkungen: Die Tour ist auch für Rollstuhlfahrer möglich; eine Schwachstelle besteht nur kurz hinter Grifte (Rasenweg), jedoch ist eine Umgehung von Ortsmitte Grifte aus möglich. Wer nur Teilstrecken mit dem Rollstuhl durchfahren will, nachstehend die Kilometerangaben: Grifte-Haldorf 3 km, Haldorf-Dissen 1,5 km, Dissen-Kasseler Kreuz 2,5 km, Kasseler Kreuz-Gudensberg 1,5 km. Auf dieser Wanderung finden wir immer wieder Relikte aus der Kleinbahnzeit.

Der „Fürstenhof“ in Bad Wildungen (rechts).

FÜRSTENHOF

Landschaft bei Emstal (oben). Aussichtsturm auf dem Klauskopf bei Emstal-Riede (unten).

Der „Alte Markt" in Gudensberg (oben). Der Scharfenstein bei Dissen (unten).

Route 32: Rund- und Streckenwanderung

Durch das Tal der Trockenen Mülmisch

Wieder einmal stellten wir fest: Am schönsten wandert es sich am frühen - ja sogar am frühesten Morgen. Dann ist die Welt noch frisch und man selbst noch munterer, als wenn man mittags loszieht. Rechnen Sie für die Rundwanderung auf jeden Fall einen ganzen Tag ein, für die Streckenwanderung einen Vormittag.

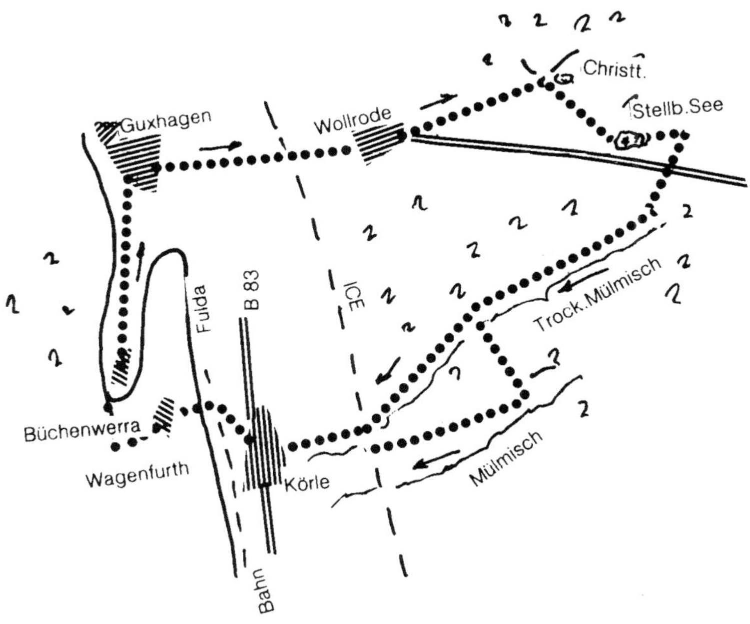

Wegbeschreibung:
Am Anfang sind Strecken- und Rundwanderung gleich. Vom Bahnhof in Guxhagen gehen wir ein Stück nach rechts und biegen dann vor der Brücke noch auf einen Fußweg ein, der uns - Markierung M - durch die Felder und unter der Brücke der neuen ICE-Strecke hinweg zur B 83 bringt, die wir queren, um das vor uns liegende Wollrode anzusteuern. Wir durchqueren das Dorf auf der L 3460. Hinter dem Ort, bei einem Aussiedlerhof, weist uns unser M nach links von der Landstraße weg. Es geht bergan, an einem Wasserwerk - rechts - vorbei. Weiter führt uns unsere Markierung bergauf - rechts unter eine kleine Staumauer - bis zum Christteich, wo wir wiederum einen hübschen Rastplatz finden. Ein Wegweiser weist uns nach rechts, (Markierung +) den Weg - ca. 1 km - zum Stellbergsee. Hier finden wir gleich am Anfang die Markierung II, der wir nach rechts am See entlang und an der Grillhütte vorbei folgen. Wir wandern nach links um den See herum - Markierung an einer Abfalltonne - und steigen noch vor der

Holzbrücke nach rechts den Hang hinauf - nach Regen wohl recht matschig! Über Treppenstufen nach rechts erreichen wir wieder die L 3460, die wir überqueren (Vorsicht! Straßenverkehr!). Auf einer asphaltierten Forststraße müssen wir nun weiter, hinter der Schranke nach links - und am Waldrand dann geradeaus (nicht auf dem Schotterweg links!). Nun sind wir im Tal der Trockenen Mülmisch, die allerdings, wie wir feststellten, durchaus nicht so trocken ist. Nach ca. 3 km kommen wir wieder an eine Schranke. Hier nun teilt sich unser Weg.

Die **Streckenwanderer** gehen nach links hinunter zur Mülmisch, queren diese nach links und biegen dann sofort nach rechts ab. Auf einem Schotterweg an Wiesen - rechts - entlang wandern wir bergauf, halten uns links, gehen an einem Wasserbehälter - links - vorbei und an der Kreuzung schließlich geradeaus weiter. Hier, bei Kördels Rast, können wir noch einmal eine Pause einlegen. Ca. 400 m danach finden wir an einem Baum links unsere neue Markierung B, der wir nach links bis zum Waldrand folgen, wo wiederum 2 Bänke stehen, von denen aus man allerdings keinerlei Aussicht hat. Nun aber müssen wir am Waldrand nach rechts weiter - immer Markierung B -, sehen unten im Mülmischtal die Orte Ober- und Unter-Empfershausen -, finden nochmals eine hübsche Bank mit gutem Ausblick - rechts die ICE-Strecke - und erreichen schließlich, an einer Schonung entlang die Fahrstraße, die an der ICE-Strecke entlangführt.
Der sehr hübsche Rastplatz hier lädt zum Verweilen ein. Vom Rastplatz gehen wir hinüber zur Brücke, queren auf ihr die Bahnlinie und schwenken sofort danach nach rechts ab. So kommen wir zu einer Fußgängerbrükke über die Bahnlinie, wo wir nach links hin an einem Wasserwerk vorbei Körle ansteuern.

Die **Rundwanderer** biegen hinter der Schranke (s.o.) nicht nach links zur Mülmisch ab, sondern folgen der Markierung II weiter geradeaus. Sie führt an Feldern und Wiesen vorbei, die ICE-Strecke querend direkt nach Körle (ca. 3 km kürzer als die Streckenwanderung). In Körle müssen wir nun auf der B 83 ein Stück bergauf nach rechts, um dann nach links über die Bahnlinie abzubiegen. Wir queren dann nach links hin die Fulda, kommen so nach Wagenfurth. Im Ort, an der Kirche nach links vorbei, leitet uns unsere Markierung II den Berg hinauf und am Hang des Schleifsteinkopfes - auch z.T. Markierung G - hinab zur Fulda. Am Hang wandern wir bis zur Brücke, die nach rechts nach Büchenwerra führt. Auf ihr überqueren wir die Fulda und wandern dann auf einem Rad-/Fußweg nach links - rechts finden wir hübsche Wochenendhäuser - hinüber nach Guxhagen, wo wir unseren Zug nach Kassel wieder erreichen.

Wissenswertes:
Der **Stellbergsee** ist ein Restloch durch Braunkohlebergbau (bis 1967) entstanden. Die **Körler** Kirche besitzt einen spätromanischen ehem. Wehrturm. Das Schiff ist ein klassizistischer Saalbau. Im Ort das Margret-Knopp-Schellbach Museum (Kieler Künstlerin - Aquarelle, Ölbilder, Schnitzereien u.a.; geöffnet: Werktäglich 7.30-16 Uhr, mittwochs bis 17.30 Uhr, freitags nur bis 12 Uhr). **Wagenfurth** hat eine sehr schöne gotische Fachwerkkapelle (älteste erhaltene Fachwerk-Dorfkirche Hessens).
Guxhagen: Siehe Route 33.

Tips vom Start bis Ziel

Ausgangsort: Guxhagen.
Anfahrt: Mit der DB bis Guxhagen, Kursbuch Nr. 610.
Rückfahrt: Von Körle, Kursbuch Nr. 610; falls Rundwanderung: Von Guxhagen, Kursbuch Nr. 610.
Parkmöglichkeiten: Bei Rundwanderung am Bahnhof Guxhagen.
Streckenlänge: Streckenwanderung - ca. 14 km; Rundwanderung - ca. 23 km.
Markierungen: Guxhagen - Christteich M. Stellbergsee + , dann II, danach ein Stück ohne, schließlich bis Körle B. Bei Rundwanderung ab Körle bis hinter Wagenfurth II, schließlich X 17.
Einkehrmöglichkeiten: Guxhagen, Wollrode, Körle, Wagenfurth, Büchenwerra.
Anmerkungen: Die Wege sind fast alle gut begehbar. Trotzdem empfiehlt es sich, festes Schuhzeug anzuziehen. Die heutige Wanderung war eigentlich als Streckenwanderung konzipiert. An Ort und Stelle stellten wir allerdings fest, daß man daraus auch durchaus eine Rundwanderung machen kann. Wir bieten Ihnen, liebe Leser/-innen beides an, so daß jeder nach seinem Gusto marschieren kann.

Route 33: Streckenwanderung

Unterwegs auf dem Fuldahöhenweg

Wenn auch anfangs z.T. vom Lärm der Autobahn begleitet, ist diese Wanderung doch ihrer schönen Ansichten wegen ein wahrer Genuß. Sie werden sicherlich erstaunt feststellen, daß die Fulda nicht allein nur im Schocketal wunderbar ist.

Wegbeschreibung:
Vom Bahnhof in Guxhagen aus gehen wir nach links auf der Dörnhagener Straße bis zur "Schönen Aussicht", in die wir nach links einbiegen. Hinter den Tennisplätzen finden wir links in einer Anlage eine mächtige Eiche und müssen gleich danach nach links in die Straße "Zum Ehrenhain". Auf der wandern wir hinab, unterqueren die Eisenbahn, schwenken dahinter nach rechts, gehen unter der BAB hindurch und marschieren - links die Fulda - die Asphaltstraße rauf - rechts die Eisenbahn.
Nach links haben wir einen schönen Blick ins Fuldatal und Edertal und auf Grifte. Ein ehemaliges Eisenbahnerhaus lassen wir rechts liegen, unterqueren eine Überlandleitung, überschreiten einen kleinen Bach, lassen nun ein Haus mit einem großen Apfelbaum links liegen und erreichen schließlich in einem großen Linksschwenk die Fulda - links jenseits des Flusses Guntershausen, vor uns der Eisenbahnviadukt.
Unsere Markierung führt uns nun an der Fulda entlang, den Viadukt unterquerend zur Fuldabrücke hin und jenseits des Flusses am Sportplatz vorbei nach Guntershausen hinein, wo wir die Bauna überschreiten - rechts ein Kinderspielplatz -, um dann sofort nach rechts an der Raiffeisenbank vorbei durch die Dorfstraße wieder Richtung Fulda zu marschieren. Durch eine schöne Pappelallee, an der Kläranlage vorbei, wandern wir an der Fulda entlang, Bänke laden auch hier zur Rast ein - zur Brücke, über die die

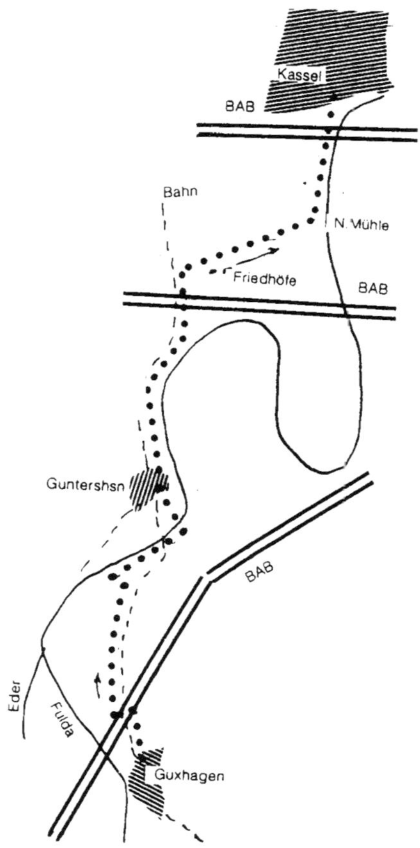

Schnellbahntrasse führt, bis zum Neubau der Fuldabrücke bei Dittershausen, wo wir nach links hinauf müssen.
Hinter Wochenendhäusern erreichen wir das Brückenende und steigen dort nach links steil

hinauf zum Bahnhof Rengershausen, wo wir nach rechts schwenken, am ehem. Gasthaus “Felsengarten” vorbeigehen, danach dann über Stufen die Straße Rengershausen/Dittershausen erreichen, die wir queren und Richtung Autobahn wandern. Die unterqueren wir und kommen schließlich zu dem russischen und englischen Soldatenfriedhof. An ihnen führt unsere Markierung vorbei durch die Felder Richtung Kraftwerk, dessen Schornstein wir schon von weitem sehen.

Am Werk überschreiten wir die Dennhäuser Str. zum Hotel “Neue Mühle” hin, vor dem unsere Markierung nach links unter der Autobahn hin den Weg am Campingplatz vorbei zur Aue und zur Innenstadt Kassels weist. Übrigens kann man auch auf der Dennhäuser Str. am Kraftwerk vorbei zur Frankfurter Str. marschieren und von dort aus mit Bus oder Bahn die heimatlichen Penaten erreichen oder sogar schon ab Kraftwerk mit der Bus-Linie 31 heimfahren.

Wissenswertes:

Guxhagen: 1352 Kukushayn genannt. 1309 Vertrag des hessischen Landgrafen Otto mit dem Kloster Breitenau zum Bau einer Stadt zwischen Fulda und Schwarzenbach. Hieraus entstand das heutige Dorf. 1513 weihte der Mainzer Weihbischof hier eine Kapelle.

Benediktinerkloster Breitenau: auf dem linken Fuldaufer. 1113 gegründet von Werner v. Grüningen, 1119 mit Hirsauer Mönchen besetzt. 1497 der Bursfelder Kongregation angeschlossen, 1527 aufgehoben, unter Landgraf Moritz (1592-1627) 1606-27 zum Schloß umgebaut, 1626 und 1640 zerstört, 1874 Landesarmenanstalt, heute Psychiatr. Krankenhaus. Kirche - Vorgängerbau Anf. 12. Jh., heutige Kirche 1132 begonnen, Umbauten 1502, 1579 Seitenschiffe abgebrochen, kreuzförmige romanische Basilika, im Innern leider verbaut. Gedenkstätte Breitenau - ehem. Konzentrationslager (Geöffnet: Mo.-Fr. 9-13 und 14-16 Uhr).

Guntershausen: 1074 Huntireshusen. Kirche - 1495 genannt, heutige aus 1912. 28 m hohe Eisenbahnbrücke. Im ehem. Hotel “Bellevue” (heute “Maria-Behre-Heim) übernachtete der russische Zar siebenmal und Bismarck verbrachte hier 1870/71 und 1878 seinen Urlaub.

Neue Mühle: Anf. 15. Jh. hier eine Mahlmühle, 1601 Einbau von Schleusen in die Wehre, 1890 Einrichtung eines Wasserwerkes durch die Stadt Kassel (heute Museum).

Tips vom Start bis zum Ziel

Ausgangsort: Guxhagen.
Anfahrt: Mit der DB bis Guxhagen, Kursbuch Nr. 610.
Rückfahrt: Keine.
Streckenlänge: ca. 15 km.
Markierungen: X 17.
Einkehrmöglichkeiten: Guxhagen, Guntershausen, evtl. Dittershausen, Neue Mühle, Kassel.
Anmerkungen: Bis auf kurze Wegstrekken tritt man leider bei dieser Wanderung nur Asphalt. Das hat allerdings den Vorteil, daß man sie zu jeder Jahreszeit machen kann.

Route 34: Streckenwanderung

Von Wattenbach durch die Söhre

Es ist immer wieder erstaunlich, wie wenigen Menschen man in den Wäldern, die Kassel umgeben, begegnet. Einem Waldarbeiter und zwei Joggern sind wir in die Quere gelaufen. Sonst weit und breit Stille und Waldtiere (Rehe, Hasen und Vögel). Goethe hatte schon recht: "Warum denn in die Ferne schweifen? Sieh, das Gute liegt so nah!" und in der Söhre finden Sie es bestimmt.

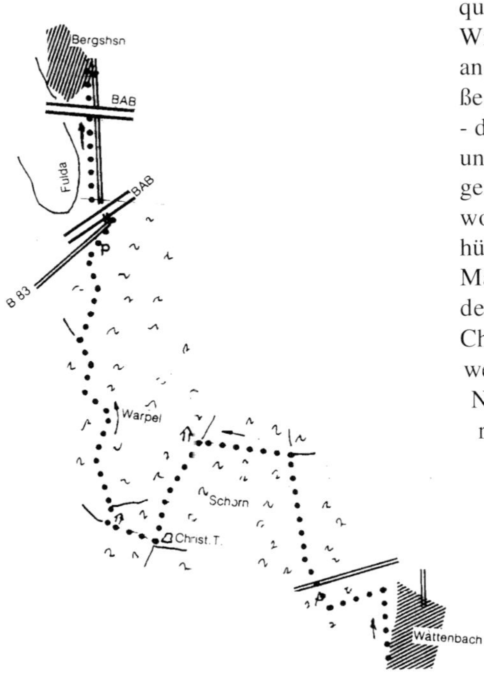

Wegbeschreibung:

Von der Wattenbacher Kirche in der Wellröder Straße aus geht es erst einmal der Markierung + folgend auf einem Asphaltweg bergauf, wir biegen nach rechts um einen Schuppen herum, haben nach rechts einen schönen Blick auf den Ort, erreichen zwei Aussiedlerhöfe und müssen nach links um den linken Hof herum. Zwischen Feldern und Weiden - rechts Wald, links ein Schuppen, wandern wir an einem Hochsitz vorbei und schwenken hinter einem Wäldchen - darin Schuppen und Hochsitz - nach rechts. Am Waldrand entlang, dann wiederum nach rechts auf einem Sandweg (auch X 3) erreichen wir die Straße - links Parkplatz "Lache" - Wattenbach/Wollrode, die wir queren.

Wir vertrauen uns nun der Markierung X3 an, kommen schließlich zu einer Forststraße - links eine Bank -, wo wir X3 verlassen - dieser geht geradeaus weiter. Wir wenden uns aber nach links und spazieren auf der genannten Forststraße hin zur Warpelhütte, wo wir eine Rast einlegen können (sehr hübsch gelegen). Von hier aus weist uns die Markierung Rhombus bzw. M nach links den Weg - ausgewaschen! - hinab zum Christteich, wo wir uns nach rechts - Wegweiser - orientieren (Markierung jetzt <). Nach ca. 1 km geht´s nach rechts weiter - rechts im Wald eine Hütte - und dann nach ca. 100 Metern auf der Asphaltstraße nach links. Auf ihr, der Worpelstraße, marschieren wir nun - nach links hin immer wieder schöne Ausblicke ins Fuldatal und auf Kassel - bis zu einem Straßendreieck, wo unsere Markierung (hier leider ein bißchen mickerig) nach rechts weiterführt bis hin zu einer Schonung, an der wir nun nach links hinab gehen Richtung Straße (B 83), vor der wir aber nach rechts schwenken, um den Parkplatz "Schwarzer Markt" anzusteuern, den wir zur B 83 hin überqueren. Nach rechts müssen wir nun auf der B 83 (bitte links gehen!) unter den BAB Brücken hinweg nach

Bergshausen hinüber, von wo uns der Bus zurück nach Kassel bringt.

Wissenswertes:

Söhre: Waldgebiet südöstlich von Kassel. Im Süden schließt der Riedforst an. Die Grenze zwischen beiden ist der Mülmischgrund (Mülmisch = Milzisa 786 genannt). Die höchsten Erhebungen der Söhre - der Name soll von soor oder sör = trocken herkommen (Deutung allerdings umstritten) - sind Warpel (439 m), Schorn (457 m) und Stellberg 485 m. Braunkohleabbau seit 1820. Im nordhess. Raum bildet im wesentlichen die Buntsandsteinformation das Grundgebirge, das durch Hebungs- und Senkungsbewegungen mosaikartig in Schollen zerbrochen ist. Gegen Ende der Triasperiode (Mesozoikum) begann zwischen Hann. Münden und Marburg eine Senkungsbewegung des Untergrundes, die sich im Laufe des Tertiär zur sogen. niederhess. Tertiärsenke entwikkelte. Es entstanden Sümpfe und abflußlose Becken, in denen sich Niederschlagswasser und tertiäre Sedimente ablagerten. Das feuchtwarme tropische Klima führte zur Entfaltung einer üppigen Braunkohlenflora, Grundlage für die vorhandenen Flöze.

Bei Erdbewegungen (Spättertiär) drangen flüssige Basaltlaven empor, die zu Kuppen erstarrten. Die Kontaktwärme des Basalts intensivierten den Inkohlungs-Prozeß derart, daß Weich- und Mattbraunkohle an Hangenden und am Liegenden bis zu 3 m tief zu harter, wasserarmer, hochwertiger Schwarz- und Glanzkohle veredelt wurde. Am Hambühlskopf wurde diese sogen. "Wattenbacher Glanzkohle" abgebaut.

Wattenbach: Bereits 1323 als Wattenbach genannt. Kirche - spätgotischer Turm mit Geschoßrücksprüngen, Haubenhelm aus 1791. Nordwand des rechteckigen Schiffes z.T. noch spätgotisch, sonst Neubau von 1782, Kanzel, 17. Jh.

Christteich: Idyllisch gelegener kleiner Teich an einer kleinen waldumrandeten Bergwiese gelegen; Hütte, Rastplatz.

Bergshausen: 1231 Berchodeshusen genannt; 1332 ein Pfarrer und 1370 eine Kapelle erwähnt. Kirche - von 1740.

Bergshäuser sind als "Sandkratzer" bekannt. Der zum Befestigen von Wegen benötigte Flußsand wurde oberhalb des Ortes der Fulda entnommen. Der letzte "Sandkratzer" verstarb 1958. Seit uralten Zeiten gab es eine Staatsfähre, die ab 1906 von der Gemeinde betrieben und 1961 eingestellt wurde.

Tips vom Start bis zum Ziel

Ausgangsort: Söhrewald OT Wattenbach

Anfahrt: Bus Linie 37 ab Kassel-Hauptbahnhof, aussteigen in Wattenbach-Kirche.

Rückfahrt: Ab Fuldabrück OT Bergshausen, Bus Linie 38 (Oderweg oder Nekkarweg).

Parkmöglichkeiten: Entfallen, da Streckenwanderung.

Streckenlänge: ca. 17 km.

Markierungen: Anfangs +, später X3 bis Warpelhütte, dann Rhombus bzw. M bis Christteich, schließlich<.

Einkehrmöglichkeiten: Wattenbach, Bergshausen.

Anmerkungen: Die Wege sind fast alle gut begehbar. Markierungen sehr gut. Etwas Proviant bzw. Trinkbares sollte man mitnehmen, da nur am Anfang und Ende der Wanderung Einkehrmöglichkeiten bestehen.

Route 35: Streckenwanderung

Durch die stille Söhre nach Helsa

Immer wieder stellen wir mit Erstaunen fest, daß man Stille und Einsamkeit auch noch in der nächsten Umgebung Kassels finden kann. Vor allem natürlich an Werktagen. Und an einem solchen sind wir durch die Söhre wieder einmal gewandert und sind - außer in den Orten - in der Tat keiner Menschenseele begegnet, dafür aber vielen Tieren. Machen Sie sich also auf und folgen Sie unseren Spuren.

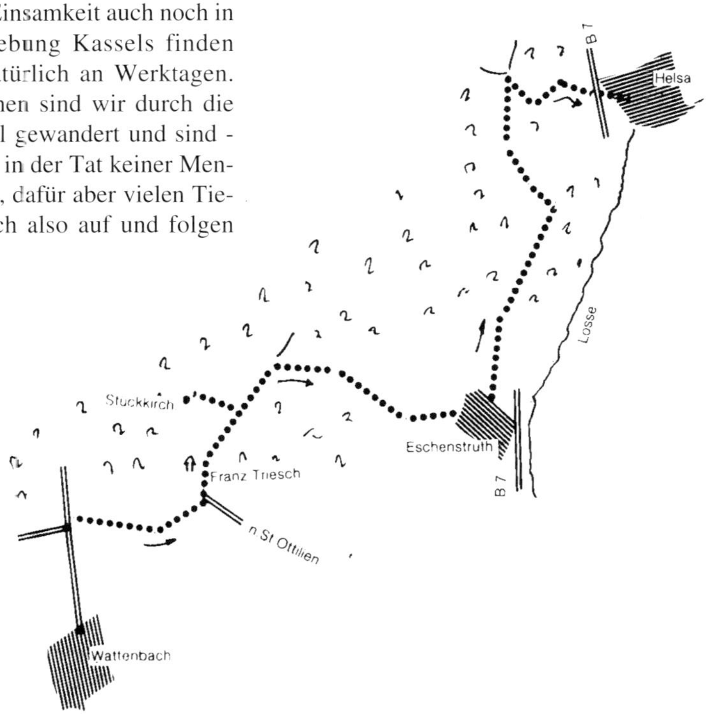

Wegbeschreibung:

In Wattenbach, Forsthaus, steigen wir aus dem Bus aus, queren die Straße und wandern auf der L 3460 - St. Ottilier Straße - in Richtung St. Ottilien. An der Hess. Revierförsterei - rechts -, dann am Waldfriedhof - links - vorbei kommen wir zu einem links von der Straße gelegenen Parkplatz, wo wir nach links von der Landstraße abbiegen und am Fernmeldeturm (143 m hoch) vorüber die Waldkreuzung Franzosentriesch erreichen (Hütte und Bänke).

Hier finden wir Wegweiser und richten uns nun nach der Markierung B weiß. Erst geht es leicht bergab Richtung Belgerkopf. Bald schon finden wir einen Hinweis zum Kulturdenkmal Stückkirchen, dem wir nach links - ca. 200 m - folgen sollten.

Zurück gehen wir wieder zu unserer Markierung B und müssen dann aber bald - Wegweiser - der Markierung (Raute) nach rechts folgen. Durch den herrlichen Wald wandern wir an wunderbaren Waldwiesen vorbei - nach rechts schöner Blick ins Lossetal und auf die gegenüberliegenden Berge - bis zum Waldrand und weiter durch Wiesen nach Eschenstruth hinein.

Der Welleroder Weg leitet uns am Raiffeisen-Lagerhaus und der Kirche vorbei - davor Haus mit Markierung (Viereck) Pfannkuchenweg - vorbei zur Straße „Neues Viertel“, in die wir nach links einschwenken. Nun geht's bergan „Helsaer Berg“ zur Meißnerstraße, auf der nach links weiter, bis wir hinter dem letzten Haus einen Wegweiser finden, auf dem unter anderem auch der Pfannkuchenweg angezeigt ist - nach rechts, Helsa 7 km.

Der Weg ist nach dem zur Zeit des Wegebaus zuständigen Försters benannt.

Wir wandern jetzt am Hang des Bielsteins entlang. An einer Wegeteilung - nach rechts geht's zum Lewalterbrunnen - Johann Lewalter, hess. Dichter, Komponist und Volksliederforscher, 1862-1936 - bleiben wir links und folgen unserem „Viereck“ weiter, bis wir schließlich nach ca. 5 km (ab Eschenstruth) auf die Markierung B, die von links herkommt, stoßen. Sie mit unserem „Viereck“ zusammen leiten uns nun vom Berg hinab zum Mariengrund, zur Unterführung der B 7 und auf einem Fußweg - hinter der Unterführung sofort nach rechts - hin zu unserem Ziel: Helsa.

Wissenswertes:

Franzosentriesch: Der Name wird unterschiedlich gedeutet: Nach der Niederlage bei Wilhelmsthal 1762 sollen sich hier die Franzosen zum Rückzug gesammelt haben; oder: hier waren die Wiesen, die man den Hugenotten in St. Ottilien zur Nutzung angewiesen hatte.

Helsa: Der Name Helsa wird vom Wort „belan“ abgeleitet, was geborgen heißt. In Verbindung mit „ahe“ = Wasser, Bach hat es die Bedeutung: Geborgen am Bach. Die Kirche liegt malerisch inmitten des ehem. Wehrfriedhofs. Ihr Turm ist zugleich Torturm des Kirchhofs. Der Unterbau stammt wohl aus dem 13. Jahrhundert und wurde 1556 erneuert: Maßwerkfenster, Kreuzrippengewölbe, spätgotische Steinkanzel. Im Ort schöne Fachwerkhäuser des 17. bis 19. Jahrhunderts.

Ruine Stückkirchen: Die Ruine Stückkirchen ist die Kapelle St. Juliane, die 1305 erstmals erwähnt wurde. Sie war die Kirche des im Spätmittelalter wüstgefallenen Kaufunger Stiftsdorfes Lubesrode, das an dem wichtigen Höhenweg, dem Breiten Weg, der vom Fuldatal heraufkam, lag.

Tips vom Start bis zum Ziel

Ausgangsort: Bushaltestelle Wattenbach/ Forsthaus.

Anfahrt: Mit dem Bus Nr. 37 vom KS-Hauptbahnhof bis Wattenbach, Forsthaus.

Rückfahrt: Von Helsa mit dem Bus, Kursbuch Nr. 5220 (39).

Streckenlänge: Ca. 14 km.

Markierungen: Ab Franzosentriesch B, dann (Raute) bis Eschenstruth, danach B bzw. „Viereck“ bis Helsa.

Einkehrmöglichkeiten: Eschenstruth, Helsa.

Anmerkungen: Die Wege sind alle gut begehbar, die Markierungen vorzüglich bis auf ein kleines Stück in Eschenstruth (siehe Wegbeschreibung).

Empfehlenswert die Topographische Karte „Naturpark Meißner-Kaufunger Wald“, 1:50 000.

Route 36: Rundwanderung

Wir wandern am Rande von Kassel

Nehmen Sie sich für diese Wanderung viel Zeit und genießen Sie die Einsamkeit des Söhrewaldes. Eß- und Trinkbares sollten Sie dabeihaben. Bis nach Wellerode, der nächsten Einkehrmöglichkeit, ist es weit. Natürlich können Sie auch bereits in Wellerode Schluß machen und von dort heimfahren (ebenfalls Bus Nr. 37). Das sind dann ca. 7,5 km weniger.

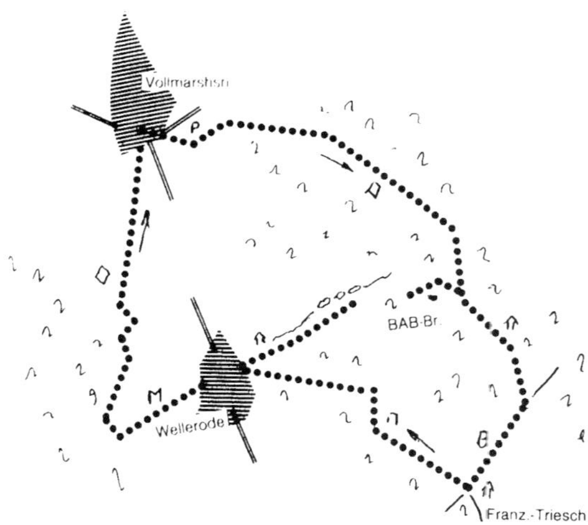

Wegbeschreibung:
Wir gehen von der Vollmarshäuser Kirche hinüber zur an der Kasseler Straße (L 3203) gelegenen Gerichtsstätte mit ihrer mächtigen alten Linde, Mauerring und Steintisch und von dort weiter nach links bis zur Straße nach Kaufungen. Von dieser biegt dann nach rechts die Straße „Heupel" ab (Park- und Wanderschild), in der auch links der Kindergarten liegt. Durch den hübschen Vorort wandern wir hinauf zum Wald, wo wir links den Parkplatz „Heupel" finden, auf dem auch eine Orientierungstafel steht, die drei Wanderungen anbietet: 18 gelb = 6,5 km; 20 = 9 km, 22 = 7 km. Wem unser Vorschlag zu lang ist, der kann sich diesen drei Markierungen anvertrauen. Wir aber marschieren Markierung ◇auf einem asphaltierten Forstweg, der bald zu einem Schotterweg wird, in Serpentinen in den Wald hinauf. Zu einer ersten Rast lädt dann rechts im Walde das „Blockhaus Rentnersruh" ein. An einer Schranke, die wir umgehen, tauchen wir in den Wald ein, müssen dann schon bald nach rechts weiter auf der Forststraße - nicht geradeaus! Am nächsten Forststraßen-Dreieck allerdings müssen wir geradeaus, finden rechts eine Sitzgruppe und wandern auf der sogenannten „Franzosenstraße" - uralte Höhenstraße, Name seit 1762 gebräuchlich, als die Franzosen nach der Schlacht bei Wilhelmsthal auf ihr abzogen - dahin. Von unserer Forststraße führt nach rechts eine Pappelallee ca. 100 m hinüber zu einer alten Autobahnbrücke, die hier einsam und verlassen seit über 50 Jahren in der Gegend im wahrsten Sinne des Wortes „herumsteht". Ein Relikt aus dem 12 Jahre währenden „1000j. Reich".
Nach der Besichtigung gehen wir wieder zur Franzosenstraße zurück und erreichen schließlich einen hübschen, etwas erhöht liegenden, überdachten Rastplatz - links vom Wege, wo sich die Ermüdeten ein bißchen ausruhen können. Am nächstfolgenden Wegedreieck marschieren wir geradeaus und

achten nun auf die querlaufende Markierung B, der wir lt. Wegweiser nach rechts bis zum Franzosentriesch folgen. Hier orientieren wir uns an den verschiedenen Wegweisern. Unsere nunmehrige Markierung weist uns den Weg nach rechts. Nach ca. 300 m biegt die Forststraße nach rechts ab, wir wandern geradeaus auf einem Grasweg - rechts Schild „Trieschkopf", 480 m - bergab zu einer anderen Forststraße, der wir nunmehr nach links abwärts folgen. Bald finden wir links ein Schild „Prinzessinbaum". Dabei handelt es sich um eine mächtige Buche, die als Naturdenkmal gekennzeichnet ist. Auf unserem weiteren Weg hinab in Richtung Wellerode kommen wir an der Bank „Fischers Ruh" - links - vorbei und erreichen schließlich an den Tennisplätzen und dem schönen Sportplatz vorbei Wel-lerode. Wer will, kann von hier aus nach rechts - Markierung M - noch hinüber zu Fahrenbachs Teichen wandern (ca. 3 km hin und zurück), die eine Oase der Ruhe und des Friedens sind. Vom Sportplatz aus orientieren wir uns am M, das uns sicher ins Dorf hineinleitet. An der Kirche geht's nach rechts ab, und sofort wieder nach links in die Schulstraße hinein. An der Schule und der Gemeindeverwaltung vorbei kommen wir in das Neubaugebiet. Hier müssen wir auf das M an den Laternenpfählen achten, denn bald schon biegt unser Weg nach rechts ab, führt durch das Neubaugebiet, dann durch die Felder hin zum Wald (schöner „Rückblick" auf Wellerode!), wo wir dann die letzte Markierung, das ◇ finden. Über Stock und Stein folgen wir ihr bis zum Waldrand, wandern dann an ihm entlang auf einem Grasweg - links Bänke - bis zur Revierförsterei, wo wir zu einer Forststraße gelangen, die uns nach links abwärts - links der Eisberg (Tafel) -, dann nach rechts durch die Felder und schließlich nach links auf einem Radweg - ehemalige Trasse der Welle-röder Kleinbahn - auf halber Höhe des Hanges zurück nach Vollmarshausen bringt.

Wissenswertes:
Vollmarshausen: 1019 Volmareshusun. Kaiser Heinrich II. schenkte 1019 den Ort dem Kloster Kaufungen. Kirche - 1838/39, anstelle einer älteren. Got. Taufstein 14. Jh.
Wellerode: Ursprünglich Kaufunger Lehen der v. Elben, 1351 an das Kloster verkauft; Kirche 1901 erbaut auf den Mauern einer älteren; Fachwerkhäuser des 17.-19. Jhs.

Tips vom Start bis zum Ziel

Ausgangsort: Vollmarshausen.
Anfahrt: Mit dem Bus Nr. 37 ab KS-Hbf. bis Vollmarshausen/Mitte.
Rückfahrt: Wie Anfahrt.
Parkmöglichkeit: Besser Anfahrt mit Bus, Parkplatz „Heupel".
Streckenlänge: Ca. 22 km.
Markierungen: Ab Vollmarshausen bis unterhalb Kl. Belgerkopf ◇, danach B bis Franzosentriesch, ab dort bis Wellerode ⊓, durch Wellerode M, vom Waldrand oberhalb Wellerodes ◇.
Einkehrmöglichkeiten: Vollmarshausen, Wellerode.
Anmerkungen: Die meisten Forststraßen sind gut zu begehen. In Wellerode muß man durch ein Neubaugebiet, oberhalb des Ortes geht es teilweise über einen schmalen Pfad. Empfehlenswert die Topographische Karte „Naturpark Meißner-Kaufunger Wald", 1:50 000.

Route 37: Streckenwanderung

Durch die Söhre und den Riedforst

Nein, sehr leicht ist unser heutiger Vorschlag in der Tat nicht. Man muß dazu schon gut zu Fuß sein. Zudem: ca. 800 Höhenmeter sind zu überwinden. Unser Rat: Hasten Sie anfangs nicht zu sehr, lassen Sie's langsam angehen, ohne dabei allerdings zu sehr zu zögern. Sechs bis sieben Stunden müssen Sie schon einrechnen.

Wegbeschreibung:
Von der Bushaltestelle gehen wir in Ankunftsrichtung weiter, steigen dann nach rechts auf dem Spangenberger Pfad die Treppe hinab, bleiben auf dem Fußweg, erreichen so den Fahrweg, den wir queren und an der Bank bzw. den Glasbehältern vorüber durch eine Art Hohlweg bergan wandern. Nun müssen wir über offenes Gelände bis zur Herchenbachhütte - dort Gymnastikpfad - und geradeaus weiter bis zum Waldrand der Söhre, der hier „Pforte" genannt wird. Schauen Sie aber auch hin und wieder mal zurück. Der Blick über Kassel ist wunderschön. Am Rande des Schorns (457 m) entlang kommen wir zur Straße Wollrode/Wattenbach, die wir überschreiten - Parkplatz „Lache". Am 427 m hohen Steinkopf vorbei steigen wir über den Elgerberg hinab nach Eiterhagen. Hier in Ortsmitte überschreiten wir die L 3236, schwenken gleich darauf, noch vor der Orientierungstafel, nach rechts ab in die Lindenstraße und später dann nach links in den Melsunger Weg - nicht rechts hinauf zum Grünen See! Am Sägewerk vorbei erreichen wir wieder den Wald - Riedforst. Unsere Markierung führt uns nun nach links, immer bergauf durch den Wald, über eine freie Fläche bis zum sogenannten Zwickel, einem Kreuzungspunkt uralter Höhenstraßen. Von hier steigen wir an der „Wildbahnhütte" vorbei - rechts - hinab nach Kehrenbach. Ein Stück müssen wir hier nach rechts auf der Hauptstraße weiter, dann nach links kurz Richtung Schloßberg und schließlich im spit-

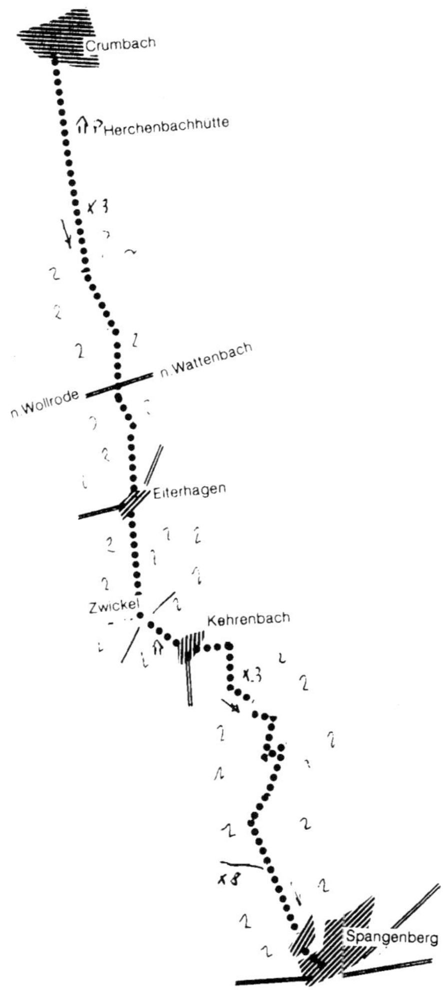

zen Winkel nach rechts am Berg entlang hinab ins Ohebachtal. Nun aber geht's steil bergan zum Sattel zwischen Schöne- und Rosenberg, wo wir an einer Hütte auf den von rechts kommenden „Barbarossaweg" (X 8) stoßen, der nun zusammen mit X 3 uns hinab nach Elbersdorf und Spangenberg führt.

Wissenswertes:
Lohfelden: Durch die Vereinigung der Gemeinden Crumbach und Ochshausen entstanden und nach einer Flurbezeichnung benannt. **Eiterhagen:** 1189 Eyterhayn genannt. Im Tal der Mülmisch (786 als Milzisa erwähnt) gelegen. Ausgangsort zu Wanderungen in die Söhre und den Riedforst. Kirche - querrechteckiger romanischer Westturm mit gotischem Westportal, gebrochener haubenförmiger Turmhelm 1746. **Kehrenbach:** Bereits 1209 erwähnt, 1329 als Kurinbach, 1375 Kornbach. Kirche - aus 1826. Ca. 1,5 km oberhalb an der Mündung des Salmsbaches in den Kehrenbach hatte Landgraf Ludwig II. 1469 ein „Vestes Haus" als landgräfliches Jagdschloß mit Falknerei erbauen lassen, zu dessen Einweihung (Kapelle) 1470 der Erzbischof von Mainz gekommen war. **Elbersdorf:** 1229 Elbrichestorp genannt, an der Esse gelegen. Kirche - Teile des Mauerwerks von Schiff und Chor sowie die untere Hälfte des Westturms sind gotisch bzw. spätgotisch, Umbau im 18. Jh., Turmhaube klassizistisch; an der Nordseite des Chores kleine Kapelle aus dem 14. Jh.; Kanzel im Knorpelstil 17. Jh.; östlich der Kirche alte Gerichtsstätte. **Spangenberg:** 1261 als Stadt genannt. Der alte Name Spangenberg hat mehrere Deutungen erfahren: 1. Merian schreibt 1655 in seiner Topographie Hessens, der Name stamme von „kleinen, runden Steinlein" her, die „alle von Natur ein Zeichen wie eine Spange auf sich haben". Es handelt sich bei diesen Steinchen um versteinerte Stengelglieder der Seelilie (Encrinus liliiformis), die einst den Boden der Muschelkalkmeere in der Entstehungszeit der Erde bevölkerten. 2. Eine andere Deutung des Namens geht von dem Wort Spange aus. Lt. Grimms Deutschem Wörterbuch findet das Wort Verwendung im Sinne des Zusammenhaltens zweier Teile: Hier der Pfieffe und des Essebachs, durch die beide zwei wichtige Straßen führten. Zusammengehalten durch die Spange „Burg". Siehe auch Route 39.

Tips vom Start bis zum Ziel

Ausgangsort: Lohfelden, OT Crumbach.
Anfahrt: VGK-Bus Linie 37, Haltestelle „Kirche".
Rückfahrt: Von Spangenberg mit dem Bus, Kursbuch Nr. 5241 bis Melsungen, dann DB, Kursbuch Nr. 610.
Parkmöglichkeiten: Entfällt, da Streckenwanderung.
Streckenlänge: Ca. 25 km.
Markierungen: Durchweg 3 X.
Einkehrmöglichkeiten: Lohfelden, Eiterhagen, Kehrenbach, Spangenberg.

Anmerkungen: Dank dem Hess.-Waldekkischen Gebirgsverein und seiner Markierer muß man auf der gesamten Wanderung immer nur auf das weiße X achten, das stets gut sichtbar und an den richtigen Stellen angebracht ist. Ein Verlaufen ist wahrscheinlich nicht gut möglich. Festes, gutes Schuhzeug ist für diese Wanderung wichtig. Immerhin sind 25 Kilometer zu bewältigen und das bergauf, bergab.

Route 38: Streckenwanderung

Von Altmorschen nach Melsungen

Wir sind immer wieder überrascht, von uns noch nicht begangene Wege zu finden. Nordhessen, die grüne Spitze Hessens, bietet eben immer wieder neue Schönheiten. Und auch das erscheint uns stets als Wunder: wo immer man auch wandert, nirgendwo ist es überlaufen. Nur allzu oft sind wir stundenlang allein auf weiter Flur und können ohne Lärm die Natur genießen.

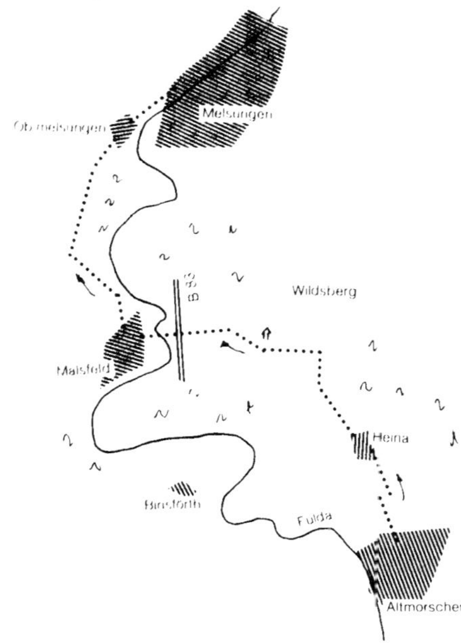

Wegbeschreibung:
Vom Bahnhof Altmorschen gehen wir zum Kloster Heydau und weiter zur Ortsmitte (X 17; Orientierungstafel). Von hier aus führt der "Fuldahöhenweg" aufwärts zum „Dornröschenpfad" und unterhalb des 357 m hohen Frauenbergs nahe dem Waldrand hinüber nach Heina. Nun geht´s am Wildsberg entlang (467 m) zum dortigen Rastplatz mit Hütte, von wo aus wir einen wunderschönen Blick ins Fuldatal und auf Binsförth haben. Auf dem Hangweg abwärts erreichen wir den Dreiförsterstein (auch Dreiherrenstein oder Rechenstein genannt), der rechts oberhalb unseres Weges liegt und wo einst die Grenzen der Ämter Melsungen und Spangenberg sowie die Besitzungen derer v. Scholley (Malsfeld) zusammentrafen (Grenzsteine). Unser Weg bringt uns dann zum Waldrand oberhalb des Hofes Sommerberg und weiter zur B 83, die wir queren. Danach müssen wir scharf nach links abwärts, überqueren die Fulda und erreichen schließlich Malsfeld, das wir durchwandern. So kommen wir zur früheren Bahnlinie in Richtung Homberg, gehen dort links an ihr ca. 500 m entlang und biegen dann nach links in die Felder ab. Aufwärts geht´s nun zur Landstraße Elfershausen/Obermelsungen, auf der wir nach rechts ca. 500 m wandern, um dann nach rechts am Ernstberg (285 m) entlang Obermelsungen anzusteuern. Von hier aus leitet uns unsere Markierung auf dem linken Fuldaufer über den "Promenadenweg" nach Melsungen hinein. Hier queren wir die Fulda dann auf der "Zwei-Pfennig-Brücke", um den Bahnhof anzulaufen.

Wissenswertes:
Altmorschen: Siehe Route 39.
Heina: 1305 Hagen genannt, aber wohl älter, im Volksmund "Heinchen" bezeichnet. Kirche - aus dem 16. Jh., 1783 erneuert; viereckiger Kirchhof mit ehemals wehrhafter Ummauerung. Davor steinerner Gerichtstisch unter Linden. Spottname: "Hengscher Bock" oder auch "Zeegenbock" (Hinweis auf Armut und bescheidene Tierhaltung).

Wildberg: In den Wäldern soll Herzog Otto v. Braunschweig, der Quade, der zum Thronerben ausersehene Tochtersohn Landgraf Heinrichs II. v. Hessen, den frevelhaften Ausspruch getan haben, durch den er die Gunst des Landgrafen eingebüßt hatte: "Wären zwei Augen tot, so wollte ich ein reicher Fürst sein!" (1367)
Dreiförsterstein: Hier lagerten die drei Förster (s. Wegbeschreibung) das geschlagene Holz und berechneten die Menge.
Malsfeld: 1196 Malzvelten, 1253 an Kloster Breitenau durch Graf Berthold v. Felsberg, 1581 an die Familie v. Scholley. Kirche - 1864, neugotisch, Orgel 1723; Gerichtsstätte mit kreisförmigen Mauerring und Steintisch.
Obermelsungen: 1151 Melsungen superior. Kirche - spätgotischer Westturm mit gebrochener Haube. Schiff 1744-46, Orgel 19. Jh. Reste der mittelalterlichen Kirchhofummauerung. Spottname des Ortes: "Käseland" (Herstellungsort des "Doppelt gedrillten Kochkäses").
Melsungen: Um 1040 pagus Milisunge genannt. Eine Siedlung erst 1079 sicher belegt, jedoch zweifellos älter. An der Sälzerstraße gelegen. 1183-90 verkaufte der ludowingische Pfalzgraf Hermann v. Sachsen seinen burgus Melsungen an Mainz. 1193 durch Mainz im Kampf mit Hessen zerstört. 1267 werden Ratsherren in einer Urkunde genannt. 1263 an Hessen. Kirche - von der romanischen, 1387 zerstörten Kirche Reste an der Langhauswestseite erhalten (12. Jh.), Chor und Langhaus 1415-25, Westturm wohl nachgotisch. Schloß - anstelle einer älteren Anlage 1550-77 neu erbaut. Im Innern völlig verändert. Rathaus - 1555-56 anstelle des 1554 abgebrannten Vorgängerbaus errichtet. Dreigeschossiger Fachwerkbau. Ehem. Kasino - 1837, klassizistische Anlage. Brunnenkumpe vor Kirche (17. Jh.), vorm Schloß (1833), vorm Rathaus (1859). Fuldabrücke - sog. Bartenwetzerbrücke, 1595-96; auf ihrem Geländer wetzten früher die Waldarbeiter ihre Äxte (Barten). Stadtbefestigung - Ende 12. Jh. angelegt, große Teile der Mauer, ein Turm am Schloß und der Eulenturm (1556) erhalten.

Tips vom Start bis zum Ziel

Ausgangsort: Altmorschen.
Anfahrt: Mit der DB ab Kassel, Kursbuch Nr. 610.
Rückfahrt: Wie Anfahrt, Kursbuch Nr. 610.
Parkmöglichkeiten: Entfallen, da Streckenwanderung.
Streckenlänge: ca. 17 km.
Markierung: X 17 = Fuldahöhenweg.
Einkehrmöglichkeiten: Altmorschen, Heina, Malsfeld, Melsungen.
Anmerkungen: Durch die vorzügliche Markierung des HWGV wird diese Wanderung zu einem wirklichen Genuß. Je nach Witterung sind warme Bekleidung und gutes Schuhzeug angesagt.

Route 39: Streckenwanderung

Steil bergan auf dem Riedforstweg

Naja, am Anfang geht's schon ein bißchen steil bergan. Aber für zünftige Wanderer ist das Null-problemo. Schließlich muß man ja auch mal wieder bergab und das nicht zu knapp vor dem Ziel unserer damaligen Wanderung. Bei schönem Wetter macht der Marsch auf dem Riedforstweg bestimmt Spaß. Wir wünschen Ihnen herrlichen Sonnenschein.

Wegbeschreibung
Vom Kloster Heydau gehen wir zuerst einmal durch die Paul Frankfurth-Straße Richtung Spangenberg. Hinter der Orientierungstafel - links an einem kleinen Parkplatz - schwenken wir nach links in den „Kalter Strauch-Weg". Er führt uns hinauf auf die Hänge des Frauenberges. Dem „R" folgend, wandern wir am Sendemast vorbei zum Wald hin und an dessen Rand bis zu zwei Bänken, die rechts stehen und von denen aus man einen wunderschönen Blick hat. Bald sind wir dann auch schon am Solweg (Schild), erreichen „Kaufmanns Rast" und gehen auf „R" nach links - nicht „G" nach! - weiter. Über die Hänge des Wildsberges kommen wir zum Kurzrocksborn - benannt nach einem aus Eubach stammenden Waldarbeiter -, klettern vom 420 m hohen Kullberg herab, queren die alte Handelsstraße „Durch die langen Hessen" und lassen uns von unserem „R" den weiteren Weg nach Bergheim weisen. Weiter dann bis zu den Neubausiedlungen von Spangenberg. Durch die Straße Am Galgenberg, an der Fabrik Salzmann vorbei, durch die Louis Salzmann-Straße kommen wir zur Überführung über die sogenannte Kanonenbahn und folgen letztendlich dem R über die Pfieffe durch den Park des ehem. Hospitals am Ehrenmal vorbei zur B 487, die nach rechts hinauf in die Stadt und auch zur Veste führt.

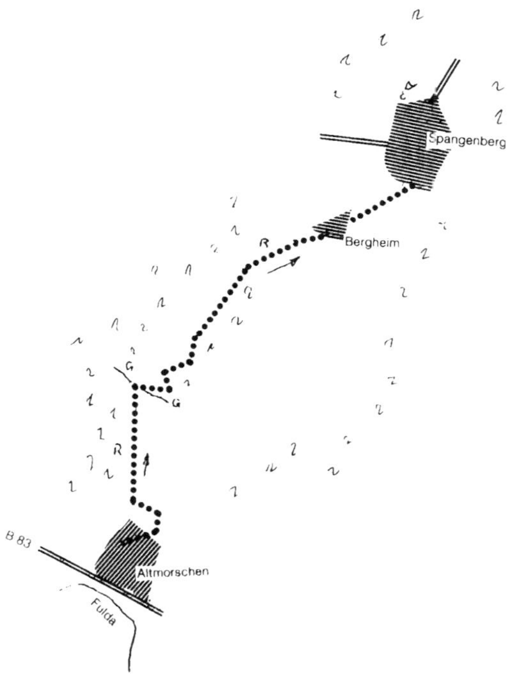

Wissenswertes
Altmorschen: Um 1000 Mursne, 1235 Aldenmorsene; Kirche - untere Hälfte des romanischen Chorturms um 1200, Oberbau in Fachwerk 1839, Schiff 1817 niedergelegt, Chorbogen zum Schiff in der Vermauerung erhalten. Im Ort schöne Fachwerkhäuser des 18. Jh. Spitzname der Altmorschener: Fohlen-(Fulda)plätscher. Zisterzienserinnenkloster Heydau - 1235 Heide, 1253 Mirica; Her-

mann I. v. Treffurt-Spangenberg übertrug die schon ältere Kapelle an der "Heide" 1235 einem Nonnenkonvent unter Gertrud v. Leimbach. 1238 bereits bezogen, 1319 durch Brandschatzung beschädigt, 1350 an Hessen gefallen, 1527 nach verschiedenen Reformversuchen mit Einführung der Reformation aufgelöst. Schon Landgraf Philipp benutzte das Kloster als Jagdschloß. Landgraf Moritz übertrug es 1612 seiner zweiten Gemahlin Juliane v. Nassau, 1616-19 Umbauten. Landgraf Carl, der das Schloß 1685 für die regierende Linie zurückkaufte, fügte ab 1690 Herrenhaus, Orangerie und Parkanlagen hinzu. Ab 1830 Domäne, Klosterkirche, jetzt Pfarrkirche, Mitte 13. Jh. erbaut, Gewölbe 1319 erneuert; frühgotischer, einschiffiger Bau, Kreuzgewölbe mit Birnenstabrippen, in den zwei westlichen Jochen die ehem. Nonnenempore (jetzt Orgelempore).

Klostergebäude: Kreuzgang mit Gratgewölben ohne Gurtbögen aus 1235-38; im Südflügel ehem. Kapitelsaal und Äbtissinnenraum; am Ostende des südlichen Flügels das ehem. Refektorium (nach 1319 erbaut). Wirtschaftshof abgetrennt durch ein Gitter mit Steinpfeilern (1694). Burggrafenhaus 1606-08, Renaissance; Herrenhaus 1696, Barock; Orangerie 18. Jh. Reste des barocken Parks.

Spangenberg: Schloß - erbaut ca. 1200 von den Herren v. Treffurt, die 1350 Stadt und Schloß an Landgraf Heinrich II., den Eisernen, verkauften. Die Landgrafen bauten die Veste aus und machten sie schließlich zu einem ihrer Lieblingsjagdsitze. Otto der Schütz 1322-1366, Sohn Heinrichs II., liebte sie besonders. Sage: Otto, zum Priester bestimmt, flieht; der Landgraf schwört, sein Sohn dürfe niemals mehr auf Spangenberg zurückkehren, es sei denn mit zum Himmel gekehrten Beinen. Am Hofe des Herzogs v. Cleme wird die Herkunft Ottos entdeckt, er heiratet des Herzogs Tochter Elisabeth. Der alte Landgraf ist nach dem Tode seines Erstgeborenen glücklich, Otto wieder zu haben - aber da ist dieser Schwur. Otto umgeht ihn, indem er Kopfstand hinter dem Sattel seines Pferdes macht. Er stirbt später durch einen Jagdunfall am Bromsberg. Philipps d. Großmütigen (1509-1567) Gemahlin zur linken Hand Margarethe v.d. Saale, gest. 1566, wohnte auf der Veste, später dann im Hause Ecke Burgstraße/Klostergasse (Tafel, später Hochzeitshaus) und zuletzt im vom Landgrafen für sie erbauten Burgsitz (hinterm Brauhausplatz). 1945 durch Bomben ausgebrannt, wurde die Veste wieder aufgebaut. In der Stadt: Stadtkirche - dreischiffige, gotische Hallenkirche, 13. Jh., mit romanischen Elementen, im Eingang Tumba der Landgräfin Anna, gest. 1462, Gemahlin Ludwigs I., des Friedfertigen; Grabmal der Margarethe v.d. Saale. Rathaus - im Kern gotischer Unterbau, 1820 umgebaut und 1881 erhöht. In der Stadt schöne Bürgerhäuser (überwiegend Fachwerk) des 15.-19. Jhs. Auf dem Markt der Liebenbachbrunnen (1902) zur Erinnerung an die Sage vom armen Kuno und der Bürgermeisterstochter Else, die, um die Heiratserlaubnis zu erhalten, z.Z. großer Wassernot den Liebenbach in die Stadt leiteten und nach Fertigstellung vor Erschöpfung tot umfielen. Siehe auch Route 37.

Tips vom Start bis zum Ziel

Ausgangsort: Altmorschen.
Anfahrt: Nichtmotorisierte DB bis Altmorschen, Kursbuch Nr. 610. Motorisierte - BAB bis Ausfahrt Melsungen, B 253 bis Melsungen, B 83 bis Altmorschen.
Rückfahrt: Von Spangenberg mit dem Bus bis Melsungen, Kursbuch Nr. 5241, dann DB, Kursbuch Nr. 610 (entweder nach Kassel zurück, oder aber nach Altmorschen zum Wagen).
Parkmöglichkeiten: Am Kloster Heydau.
Streckenlänge: Ca. 10 km.
Markierungen: Durchgehend R = Riedforstweg.
Einkehrmöglichkeiten: Altmorschen, Bergheim, Spangenberg.
Anmerkungen: Empfehlenswert ist die Karte „Kurhessisches Bergland" 1:50 000, Schwalm-Eder-Kreis, erhältlich im Buchhandel.

Route 40: Rundwanderung

Schwarzer Markt und Warpelhütte

Wir haben diese Tour im Herbst gemacht und meinen, wir sollten sie Ihnen doch einmal vorschlagen. An einem schönen Tag, zu welcher Jahreszeit auch immer, ist sie ein Vergnügen.

Wegbeschreibung:
Vom Parkplatz an der Herchenbachhütte zeigt uns die Markierung 7 gelb - am Hüttenpfosten - den Beginn unserer Wanderung: Wir müssen nach links zum Waldrand und dann an ihm entlang. Nach circa 2 Kilometern kommen wir zur Autobahn, schwenken nun nach links ab, marschieren an der BAB entlang (Kasseler Kreuz) und erreichen so den Parkplatz „Schwarzer Markt", der oberhalb der B 83 liegt.
Ab hier vertrauen wir uns der Markierung ╱╲ an - zusammen mit 7 gelb. Beide führen uns über die sogenannte Warpelstraße weiter - nach rechts immer mal wieder ein Blick ins Fuldatal. Nach ca. 5 km verläßt uns das ╱╲ wir aber bleiben auf der Warpelstraße, wandern geradeaus in einem Linksschwenk bis zur Warpelhütte, die unterhalb des 439 m hohen Warpels gelegen ist und wo man eine Rast einlegen kann. Hinter der Hütte biegt dann unsere Markierung - 7 gelb - nach links ab und bringt uns, an den Osthängen des Warpels entlang, zweimal die Markierung X 3 querend, zurück zum Parkplatz.
Nichtmotorisierte: Von der Bushaltestelle „Kirche" in Crumbach aus wandern Sie in Ankunftsrichtung weiter bis zum Fahrweg - Markierung X 3 -, biegen in den nach rechts ein und an der Bankgruppe bzw. Glasbehältern nach links. X 3 führt zum Gymnastikpfad und der Herchenbachhütte.

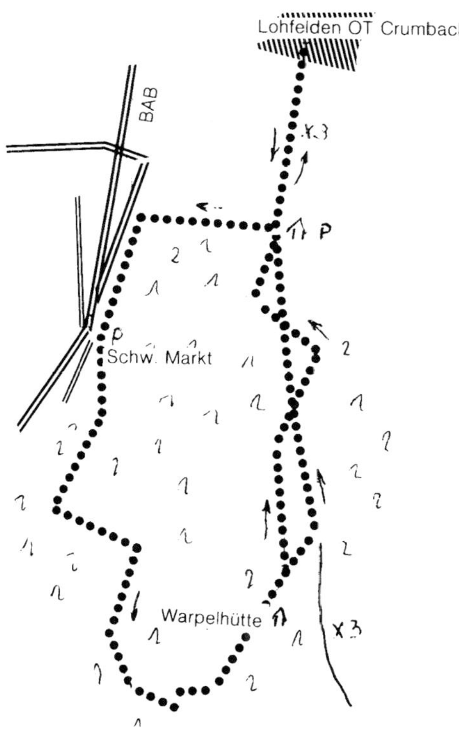

Wissenswertes:
Crumbach: 1103 Crumbelbach genannt. Kirche - malerische, burgartige ehemalige Wehrkirche auf einem steilen Hügel, von Kirchhofswehrmauer umgeben, Spuren des Wehrgangs und des spitzbogigen spätgotischen Kirchhofportals sind erhalten. Runder

gotischer Westturm, Erdgeschoß mit Spitzbogenportal und Gewölbedecke. An der Westseite des Turms ein Relief aus dem 14. Jh. Schiff wurde 1770 erneuert, Saalbau. An der Nordseite des Schiffs ein Epitaph von 1597.

Spangenberger Pfad: Name des Weges, der direkt nach Spangenberg führt (X 3). Er wird auch Schusterpfad genannt nach den Spangenberger Schuhmachern, die diesen Weg noch bis 1925 zum Markt in Kassel begingen.

Tips vom Start bis zum Ziel

Ausgangsort: Lohfelden, OT Crumbach.
Anfahrt: Nichtmotorisierte - VGK-Bus Linie 37, Haltestelle „Kirche". Motorisierte - nach Lohfelden-Crumbach, hinter der dortigen Kirche nach rechts - Park- und Wanderschild - in die Herchenbachstraße, am Kleingartengelände vorbei - rechts Kinderspielplatz - bis zum neuen Wasserwerk. Dahinter rechts am Gymnastikplatz der Parkplatz mit Herchenbachhütte. Orientierungstafel.
Rückfahrt: Wie Anfahrt.
Parkmöglichkeiten: An der Herchenbachhütte.
Streckenlänge: Ab Hütte ca. 13 km. Von Crumbach aus ca. 6 km - hin und zurück - mehr.
Markierungen: 7 gelb. Von Crumbach bis zur Hütte X 3.
Anmerkungen: Es empfiehlt sich, die Topographische Karte „Naturpark Meißner-Kaufunger Wald" mitzunehmen. Zwar ist dieser Rundweg dort nicht eingezeichnet, man kann ihn an der Orientierungstafel der Herchenbachhütte selbst einzeichnen.

Route 41: Rundwanderung

Zum Michelskopf im Kaufunger Wald

An einem schönen Tag ist das eine Wanderung, an die man sicherlich noch lange zurückdenken wird. Wenn man erst einmal die Bundesstraße 7 hinter sich gelassen hat, herrscht herrlichste Ruhe. Vielleicht sehen ja auch Sie Wild, so wie wir es taten. Vor allem sollten Sie an dem kleinen See auf dem Michelskopf eine gemütliche Rast einlegen. Leider sieht es dort allerdings mit Bänken nicht so rosig aus (es gibt nur eine). Aber schließlich kann man sich ja auch auf die Steine setzen. Wir wünschen Ihnen viel Vergnügen.

Wegbeschreibung

Vom Parkplatz bzw. von der Bushaltestelle am Oberkaufunger Bürgerhaus gehen wir in Fahrtrichtung weiter durch die Hauptstraße und biegen noch vor der Brücke über die Losse (Optiker) nach rechts ab - Markierung ∧, marschieren die Jakobstraße hoch, wandern nach links in die Straße An der Losse hinein, kommen rechts zum Besenmarkt, müssen nun rechts die Treppe hoch und nach links in die Ludwigstraße.

Von der zweigt nach links ein Gehweg (Dettenbornsweg) ab, auf dem wir hoch marschieren. Am Hang des Lossetals entlang kommen wir zur Bundesstraße 3, die wir unterqueren. Unsere Markierung leitet uns nun weiter, wir erreichen den Pfannkuchenweg, auf dem wir weiterwandern, bis wir auf die Markierung B stoßen, die zu unserem bisherigen Weg querverläuft.

Dem B folgen wir nach rechts am Bielstein (528 m) entlang zum Michelskopf mit seinem so hübsch gelegenen See, in dem man früher baden konnte (heute verboten!!). Nach unserer Rast folgen wir dem B noch ca. 500 m und finden nun unsere neue Markierung R = Riedforstweg, der wir nach rechts hin folgen.

Nach ca. 2,5 km kommen wir zur Eduard Dilling-Hütte bei den Tanzeplätzen. Kurz danach müssen wir aber nach rechts - Mar-

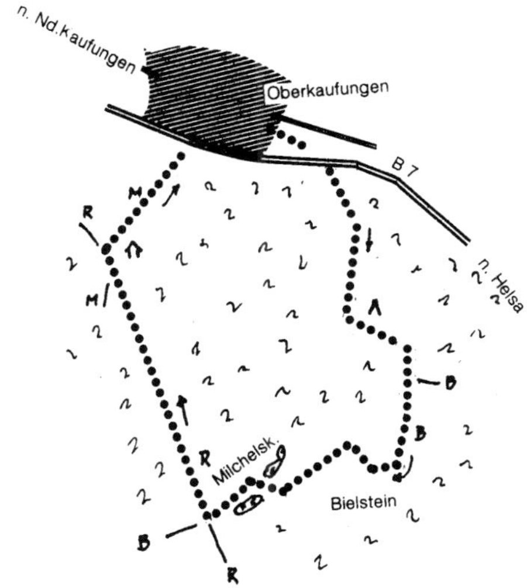

kierung M - weiter, die uns sicher - herrlicher Blick nach links über Kassel - zurück nach Oberkaufungen leitet.

Wissenswertes:

Oberkaufungen: Als Kaiser Heinrich II. seiner Gemahlin Kunigunde (aus dem Haus Luxemburg) die Curtis Kassel als Ersatz für Bamberg schenkte, baute er in Kaufungen eine neue Pfalz, auf der er sich 1011 erstmals aufhielt. In der Pfalz wurde 1017, aufgrund eines Gelübdes der Kaiserin, ein Benediktinerinnenkloster gegründet, dem Hein-

rich II. 1019 die Pfalz mit ihren Salhöfen übertrug. 1015 trat Kunigunde in das Kloster ein, wo sie 1033 starb (Grab im Bamberger Dom). Sie wurde 1200 heilig gesprochen. Im 13. Jh. wurde es Kanonissenstift, 1527 säkularisiert und 1532 der hessischen Ritterschaft zur Ausstattung adliger Töchter geschenkt. Klosterkirche - 1025 geweiht, im 13. und 15. Jh. umgebaut. Wandmalereien 15. und 16. Jh. Spätgotische Steinmensa 15. Jh., Steinkanzel 16. Jh., Wandtabernakel um 1470. St. Georgs-Kapelle - frühromanisch, älter als die Kirche, wohl zur Kaiserpfalz Heinrichs II. gehörend. Rentei - Fachwerkbau von 1606. Herrenhaus - im Kern 15. Jh., 1714 umgebaut, Kamin mit Wappen der Äbtissin Elisabeth v. Waldeck. Im Ort Fachwerkhäuser des 17. und 18. Jh.
Michelskopf: Ehemals Basaltabbau, dadurch sind zwei Teiche entstanden (Badeverbot!).

Tips vom Start bis zum Ziel

Ausgangsort: Oberkaufungen, Bürgerhaus.
Anfahrt: Nichtmotorisierte - Bus, Kursbuch Nr. 5220 (39). Motorisierte - B 7 (E 63).
Rückfahrt: Wie Anfahrt.
Parkmöglichkeiten: Hinterm Bürgerhaus.
Streckenlänge: Ca. 14 km.
Markierungen: Anfangs ∧, dann B und ab Michelskopf R, zum Schluß M.
Einkehrmöglichkeiten: Oberkaufungen.
Anmerkungen: Die Wege sind alle sehr gut begehbar. Anfangs allerdings geht es stetig bergauf. Es ist eine fast ausschließliche Waldwanderung. Rechts und links des Weges findet man immer wieder Reste des ehem. Kaufunger Bergbaus (Pingen). Sehr interessant - auch für Kinder - das Regionalmuseum in Oberkaufungen in der „Alten Schule“, Schulstr. 33. Geöffnet: Di, Fr 10-13 Uhr, Mi, Do, Sa 14-17 Uhr, So 10-12, 14-17 Uhr. (Begehbare Stollenanlage!!).

Route 42: Rundwanderung

Durch den Kaufunger Wald

Morgens sind wir gewandert. Bereits in aller Frühe. Es war herrlich. Die Vögel sangen, der Bach rauschte im Grunde und die Frühsonne malte bizarre Bilder auf die Wege. Um die Mittagszeit würde die Wanderung eine ziemlich schweißtreibende Angelegenheit sein. Machen Sie es also wie wir. Wir sind sicher, Sie werden es genießen.

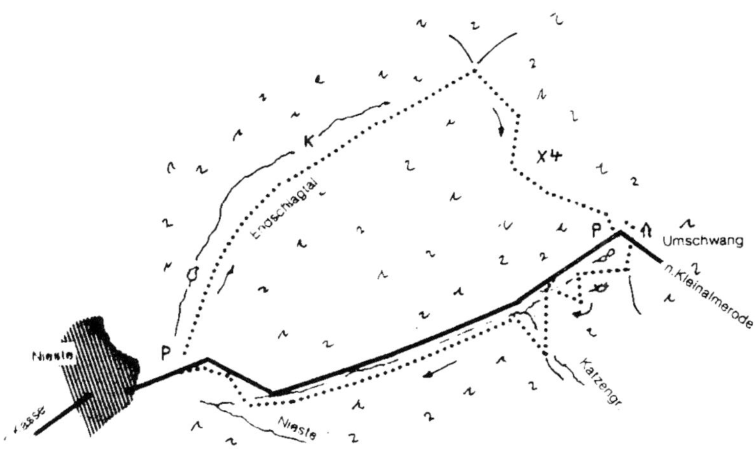

Wegbeschreibung:
Vom Parkplatz mit Wassertretstelle wandern wir auf breiter Forststraße durch die Wälder, dem „K Weiß" folgend stetig, wenn auch nicht gerade steil, bergauf. Bald kommen wir dann - unten links - zu einem idyllisch gelegenen Teich, an dem man - Bänke - gut eine kurze erste Rast einlegen kann. Nun aber weiter immer bergan, bis wir schließlich nach ca. 5 km eine Wegekreuzung erreichen. Der dortige Wegweiser zeigt uns, daß wir nach rechts, auf der Markierung X 4 „Frau Holle-Pfad" abbiegen müssen - geradeaus kommt man durchs Rautenbachtal nach Ziegenhagen. Wir folgen also dem X 4 nach rechts auf gut markiertem Pfad, der uns über den 580 m hohen Haferberg hinab zum Parkplatz am sogenannten „Umschwang" leitet. Auch hier kann eine Rast eingelegt werden - Tisch mit Bänken vor dem Parkplatz. Nun überqueren wir den Platz, kommen zur L 3237 Nieste/Kleinalmerode - kurz davor eine Orientierungstafel, die uns bereits die Markierung „Geweih" aufzeigt -, wandern auf einem Pfad links der Straße bis zur Schutzhütte am Umschwang, queren hier nach rechts die Straße und folgen X 4 bzw. „Geweih" auf der Forststraße in den Wald hinein. Nach ein paar hundert Metern biegt die Markierung „Geweih", der wir uns nun anvertrauen, nach rechts ab - vor dem Schild am Baum schwer zu erkennender Abfuhrweg! Nun geht's hinab in Schlängellinie - Markierun-

gen immer an Bäumen - bis zu einer querlaufenden Forststraße. Wir schwenken auf der nach links ab, kommen zum Katzengraben, queren den und biegen danach sofort nach rechts ebenfalls wieder auf eine anfangs ein wenig schwierig zu erkennende Forststraße ab. Auf der bleiben wir nun im Wengebachtal - rechts oben immer die L 3237 -, marschieren an einem hübschen Jagdhaus vorbei und schwenken hinter der Schranke nach rechts ab. So kommen wir schließlich zur Landstraße, auf der wir nun ca. 800 m nach links - wenig befahren - bis zu unserem rechts gelegenen Parkplatz wandern (bitte, links gehen!!).

Wissenswertes:

Nieste: 1293 Nieste; nach dem Vertrag von 1536 zwischen Hessen und Braunschweig geteilt, im Vertrag von 1831 tauschte Hannover seinen Anteil an Nieste und das Dorf Wahnhausen gegen die hessische Exklave Laubach mit Hessen. Die alte Kapelle, die Bardo v. Sichelnstein im 14. Jh. errichten ließ, wurde 1864 abgebrochen und eine neue Kirche gebaut. Übrigens: Man findet am X 4 hinunter zum Umschwang eine ganze Reihe von Grenzsteinen aus dem Jahre 1838, auf der einen Seite beschriftet mit KFH - Kurfürstentum Hessen, auf der anderen mit KH - Königreich Hannover. Nieste liegt an der alten Fernstraße Köln-Kassel-Berlin.

Kaufunger Wald: Er wird im Norden begrenzt von Hann. Münden, an der Werra aufwärts bis Witzenhausen, vom Gelstertal bis Hess.-Lichtenau, im Süden trennt ihn nur das Lossetal von der Söhre, dem Stiftswald und dem Riedforst. Der Buntsandsteinrükken mit einigen Basaltdurchbrüchen erstreckt sich von Münden bis zum Gelstertal in einer Länge (Luftlinie) von 28 km und erreicht im Hirschberg (643 m) und im Bilstein (641 m) seine höchsten Erhebungen. In karolingischen Urkunden wird er „forestis Buchonie“ genannt und Mitte des 11. Jhs. als „Königsforst“ bezeichnet. Nachdem 1017 Heinrich II. das Gebiet zwischen Werra, Fulda und Nieste dem von seiner Gemahlin Kunigunde gegründeten Nonnenkloster zu Kaufungen geschenkt hatte, erhielt er den Namen „foreste Cofhungerwalt“. Im 13. Jh. gehörte der Wald dann den hessischen Landgrafen und den braunschweigischen Herzögen gemeinsam, woraus sich notabene jahrhundertelange Streitigkeiten ergaben, bis endlich 1831 eine Grenze festgelegt und mit Grenzsteinen 1838 markiert wurde (s.o.). Seit etwa 1450 war der Kaufunger Wald seines Holzreichtums wegen ein Zentrum der Glasmacherzunft. 1505 wurden allein 8 Glashütten urkundlich genannt; im von Hessen und Braunschweig gemeinsam verwalteten Gebiet waren es um 1560 sogar 16 Hütten. 1592 ordnete der Landgraf die Schließung der Hütten an. Grund: sowohl Raubbau am Wald als auch Störung der landesherrlichen Jagd. Etwas nördlich vom Dorf Nieste verlief einst eine wichtige Höhenstraße. Täler wurden in der Frühzeit möglichst gemieden, da sie allzu oft durch die unregulierten Bäche und Flüsse unpassierbar waren. Wo heute X 4 verläuft, gab es damals eine Höhenstraße, die bei Münden die Fulda überquerte, dann die Höhen des Kaufunger Waldes erklomm und zum Bilstein hin führte, wo sie sich mit der „Witzenhäuser Straße“ vereinte. Die Witzenhäuser Straße wiederum benutzte eine Furt bei Wolfsanger, stieg dann hinauf zum Kaufunger Wald - Sensenstein - und verlief dann im Zuge des heutigen „Kasseler Weges“ südlich des Niestetales hin zum Bilstein, um nach Norden das Werratal zu erreichen, nach Süden hatten beide genannten Straßen dann Anschluß an die „Franzosenstraße“, die an Walburg vorbeiführte und im Südosten nach Sooden-Allendorf bzw. Eisenach leitete.

Tips vom Start bis zum Ziel

Ausgangsort: Parkplatz Endschlagtal hinter Nieste.

Anfahrt: Bus, Kursbuch Nr. 5211 (leider außer Sonn- und Feiertagen!). Motorisierte - von Heiligenrode auf der L 3237 nach Nieste und weiter zur Endschlagsiedlung, dahinter links der Parkplatz.

Rückfahrt: Wie Anfahrt.

Streckenlänge: Ca. 16 km.

Markierungen: Erst "K weiß", danach X 4, später "Geweih" und zum Schluß ohne.

Parkmöglichkeiten: Parkplatz "Endschlagtal".

Einkehrmöglichkeiten: Nieste

Anmerkungen: Es empfiehlt sich, Proviant mitzunehmen.

Route 43: Streckenwanderung

Von Helsa nach Hessisch Lichtenau

Für unseren heutigen Streckenwanderungsvorschlag von Helsa nach Hessisch Lichtenau reicht ein schöner Nachmittag aus. In den Wäldern wird man sicherlich dabei kaum andere Menschen sehen, dafür aber durchaus einiges Wild - vorausgesetzt, man läuft nicht gerade laut schwätzend durch die Gegend. Doch wer tut das schon, nicht wahr? Schließlich sind es ja alles gewiefte Wanderer.

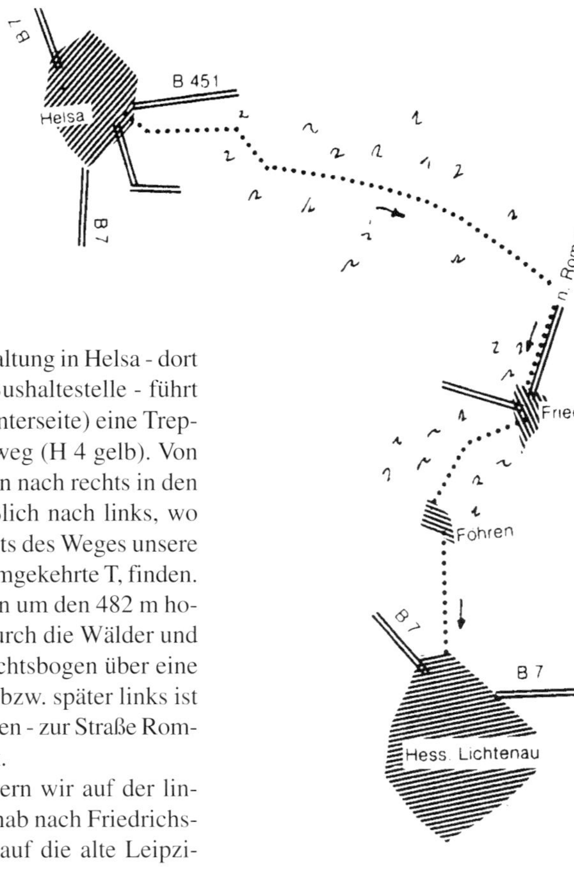

Wegbeschreibung:
Von der Gemeindeverwaltung in Helsa - dort befindet sich auch die Bushaltestelle - führt von deren Parkplatz (Hinterseite) eine Treppe hinauf zum Lerchenweg (H 4 gelb). Von dort aus müssen wir dann nach rechts in den Drosselweg und schließlich nach links, wo wir an einem Baum rechts des Weges unsere Hauptmarkierung, das umgekehrte T, finden. Nun geht´s bergauf, dann um den 482 m hohen Buchberg herum, durch die Wälder und schließlich in einem Rechtsbogen über eine Hochfläche - geradeaus bzw. später links ist der Hohe Meißner zu sehen - zur Straße Rommerode-Friedrichsbrück.
Auf dieser Straße wandern wir auf der linken Seite nach rechts hinab nach Friedrichsbrück. Hier stoßen wir auf die alte Leipziger Straße, die von rechts her von Helsa durch das Hergesbachtal führt, der wir kurz nach links und dann nach rechts - die Markierung befindet sich an einem Schuppen - hinunter nach Föhren, einem Stadtteil Hessisch Lichtenaus, folgen.
Auf einer Asphaltstraße schließlich marschieren wir nun, an einem rechts gelegenen Aussiedlerhof vorbei, hinab nach Hess. Lichtenau. Von einem Autohaus am Ortsrand

aus ist es nur noch ein kurzes Stück zur eigentlichen Stadt bzw. zur Bushaltestelle.

Wissenswertes:

Helsa: 1058 Helsen genannt; im Lossetal gelegen zwischen den Waldbergen des Stiftswaldes und des Kaufunger Waldes. Durch seine Lage an der einstmals bedeutenden alten Leipziger Straße mit Abzweig der Berliner Straße war der Ort in den verschiedenen Kriegen vieler Greuel ausgesetzt. Im 30jährigen Krieg wurde er mitsamt der Kirche zerstört.

Kirche - spätgotischer Rechteckchor, um 1500; Schiff aus 1500, 1593 erneuert; Turm abseits der Kirche, ehemaliger Wehrturm des Wehrkirchhofes. In der Stadt Fachwerkhäuser des 17. bis 18. Jahrhunderts. Siehe auch Route 44.

Hess. Lichtenau: 1289 Lichtenowe, 1354 Lithinouwe genannt; seit 1889 amtlich: Hessisch Lichtenau. Kurz vor 1289 von Landgraf Heinrich I., genannt das Kind, 1263-1308 (filius natae S. Elisabeth) aus den Dörfern Boppenhagen, Hezzelshagen, Hoenrode, Kamphis, Siegerhausen und Vortriden als Stadt gegründet. 1289 bereits nova civitas genannt.

Die planmäßige Anlage sicherte die wichtige hess.-thüringische Handelsstraße, die Leipziger Straße, und den Sälzerweg von Sooden zum Niederrhein. Die 1385-87 hier erbaute Burg wurde bereits 1413 wieder abgebrochen. 1521 zur Hälfte, 1623 30 Häuser abgebrannt, 1637 durch die Kroaten fast völlig zerstört.

Regelmäßige Stadtanlage von ovaler Form mit einer Durchgangsstraße in der Längsachse und rechtwinklig angesetzten Querstraßen. In der Stadt wurde 1482 Johannes Feige geboren, der Kanzler Landgraf Philipps d. Großmütigen (1509-1567). Er wurde 1517 geadelt und führte 1526 die Homberger Synode herbei, eine Sondertagung der Landstände, die der Landgraf einberief. Auf ihr beschließen die Vertreter von Ritterschaft, Städten und Geistlichkeit den Übergang Hessens zur Reformation Martin Luthers.

Grundlage dafür ist der Speyerer Reichstagsabschied vom August 1526, der es den Reichsständen freistellt, bis zum künftigen Konzil so zu handeln, wie man dies "gegen Gott und kaiserliche Majestät" verantworten könne. Luther warnt davor, die ihm vorgelegte "Reformatio ecclesarium Hassiarum" mit einem "Haufen Gesetze" einzuführen. Sein Rat zu allmählicher, pragmatischer Veränderung wird befolgt. Erst 1539 ergeht mit der sogen. Ziegenhainer Zuchtordnung eine abschließende evangelische Kirchenfassung.

Feige (Brunnen vor der Kirche) war auch an der Gründung der Marburger Universität beteiligt, die mit Immatrikulation der Studenten am 30.5.1527 neubegründet wird. Er leitete 1529 das Marburger Religionsgespräch und nahm 1530 am Augsburger Reichstag teil.

Kirche - Untergeschosse des Westturms Ende 13. Jahrhundert begonnen, Obergeschoß und Spitzhelm 1888; zweijochiges (Joch = Gewölbeabschnitt) Hallenlanghaus, Mitte 14. Jahrhundert, Sakristei von 1415; 1637 und 1886 abgebrannt, 1644 und 1888 erneuert; Epitaph der Familie von Meysenburg, 1702. Friedhofskapelle - Reste der 1826 niedergelegten ehem. Pfarrkirche St. Kilian des aufgegangenen Dorfes Vortriden, spätgotischer Bau mit Sterngewölbe.

Rathaus - 1651, dreigeschossiger Fachwerkbau. Stadtbefestigung - zu großen Teilen noch erhalten, vom Obertor steht mächtiger Rundturm mit Kegeldach (1445-56 erbaut).

Tips vom Start bis zum Ziel

Ausgangsort: Helsa
Abfahrt: Für Nichtmotorisierte - Bus, Kursbuch Nr. 5205 (36) oder 5220 (39); Motorisierte - B 7 bis Helsa.
Rückfahrt: Nichtmotorisierte - ab Hess. Lichtenau, Kursbuch Nr. 5205 (36) oder 5220 (39). Motorisierte - Rückfahrt von Hess. Lichtenau nach Helsa zum geparkten Wagen, Kursbuch Nr. 5205 (36) bzw. 5220 (39).
Parkmöglichkeiten: Entfällt, da Streckenwanderung; falls doch Anfahrt mit dem Wagen bis Helsa - Parkplatz hinter der Gemeindeverwaltung.
Streckenlänge: 12 km
Markierung: Anfangs H 4 gelb, dann umgekehrtes T weiß.
Einkehrmöglichkeiten: Helsa, Friedrichsbrück, Hess. Lichtenau.
Anmerkungen: Auf der Hochfläche vor Friedrichsbrück kann es ganz schön ziehen. Wer empfindlich ist, sollte Mütze und Schal mitnehmen. In nassen Zeiten festes Schuhwerk!

Route 44: Rundwanderung

Im schönen Hergesbachtal

Diese kleine Wanderung kann man bequem an einem schönen Nachmittag machen. Und da es fast stets durch den Wald geht, ist auch ein heißer Sommertag dafür durchaus geeignet. Anfangs findet man Bänke, dann aber eine ganze Zeitlang nichts. Erst bei Tischers Ruh kann man wieder gemütlich rasten.

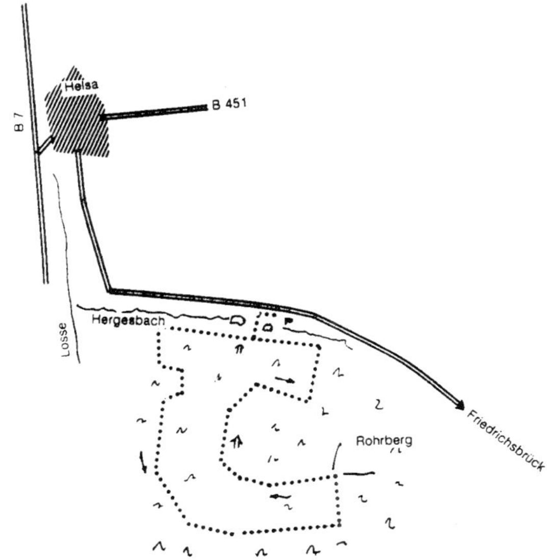

Wegbeschreibung:
Wir beschreiben hier den Weg nach der Markierung 15 gelb ab Parkplatz Hergesbachtal. Zuerst müssen wir ein paar Meter auf der Landstraße zurückgehen, Richtung Helsa, um dann nach links, zwischen zwei Fischteichen (links an einem Schild die Markierung; Rückseite!) zum Wald hinüber zu gehen - dort eine Grill- und eine Schutzhütte. Am Waldrand biegen wir nach rechts in den Wald hinein und müssen dann aber schon bald wieder nach rechts über Treppen hinunter ins Tal zum "Jugendeck" (Bankgruppe). Ab dort marschieren wir nach links weiter am Wildgatter entlang (Dam- und Muffelwild. Bitte nicht füttern!) bis zum bereits oben genannten "Helsaer Blick" (Helser Blick; ebenfalls Bankgruppe). Hier stoßen die Nichtmotorisierten auf unsere Markierung. Vor der Bahnlinie - rechts das Lossetal - schwenkt unsere 15 nach links ab. Nun geht´s bergauf. Und das ein ziemliches Stück. An einer Waldkreuzung - uns entgegen kommt die Markierung 13, von rechts die 14 - müssen wir nach links weiter. Jetzt steigen wir bereits den Berg wieder hinab. Wir erreichen die Schutzhütte "Tischers Ruh" und wandern durch den schönen Wald über Kehren wieder hinab ins Hergesbachtal und zurück zu unserem Parkplatz.

Bemerkungen: Natürlich kann man auch noch andere Wanderrouten unter die Füße nehmen. Auf der Orientierungstafel sind noch angegeben: Markierung 11 gelb = 7,5 km; 12 = 10 km; 16 = 4,5 km Waldlehrpfad (11, 12 und 16 liegen auf der anderen Seite der L 3400, d.h., man muß noch ein Stück weiter als bis 15 gehen und dann nach rechts - angezeigt - abbiegen); 13 = 7,5 km; 14 = 9,5 km; 15 (unser Vorschlag) = 8 km. Sie selbst entscheiden natürlich, ob Sie evtl. auch einen anderen Weg als den von uns genannten gehen wollen.

Wissenswertes:
Helsa: 1058 Helsen, 1438 Helszen, im Mainzer Subsidienregister von 1505 Helsa.

Ortsname vom altdeutschen Wort Helan = geborgen und germanischen ahe = Bach abgeleitet. So heißt dann Helsa "am Bach geborgen". Die ersten Häuser des Dorfes haben wohl an der Losse gestanden und zwar an der Stelle, die noch heute "der Biegen" (Biegenweg, zweigt von der Leipziger Straße ab) genannt wird. Zerstörung des Ortes 1634 durch den kaiserlichen Generalfeldmarschall Götz und dessen Kroaten. Kirche - inmittten des ehemaligen Wehrkirchhofes, Turm abseits der Kirche und zugleich Torturm des Kirchhofes. Turmunterbau massiv mit tonnengewölbtem Durchgang, 13. Jh., 1556 erneuert, Obergeschosse in verkleidetem Fachwerk 1657, Laternenhaube 1727-29. Von der Kirchhofs-Wehrmauer ist ein mehrere Meter hohes Stück an der Südseite als Hauswand erhalten. Kirche mit niedrigem spätgotischem Rechteckchor, um 1500, Maßwerkfenstern und Kreuzrippengewölbe und einem 1593 erneuerten, fast quadratischen Schiff mit hohem westlichem Fachwerkgiebel, an der Westseite spätgotisches Portal. Im Innern Flachdecke auf zwei Paar Steinsäulen, dreiseitige Emporen aus 1594, spätgotische Steinkanzel, 16. Jh.; Orgel 1703. Außen an einem Chor-Eckquader spätgotisches Relief eines männlichen bärtigen Kopfes. Im Ort zahlreiche Fachwerkhäuser des 17.-19. Jhs. Ortskern steht seit 1975 unter Denkmalschutz. Nach dem 30 j. Krieg kam es zu einem Streit der Gemeinde Kirchgandern im Eichsfeld, die eine Glocke reklamierte, die aber 1641 bereits der Förster Merten Jäger von durchziehenden Truppen erhalten hatte und die er der Gemeinde schenkte, die sie der unruhigen Zeitläufe wegen auf der Glokkenwiese vergrub, wo man sie 1650 zutage förderte. Die Klage Kirchganderns wurde in Kassel abgewiesen. Dem Merten Jäger widmete man ein Denkmal am Hause Berliner Str. 11 (Eckpfosten) und vor dem letzten Kriege einen Brunnen. Siehe auch Route 43.

Hergesbachtal: Name hergeleitet von Haruch = heiliger, eingehegter Bezirk. Dortige Grillplatzbenutzung bedingt Anmeldung.

Tips vom Start bis zum Ziel

Ausgangsort: Helsa/Hergesbachtal.

Anfahrt: Nichtmotorisierte - Bus, Kursbuch Nr. 5205 (36) oder 5220 (39). Motorisierte - B 7 bis Helsa, ab dort Richtung Friedrichsbrück bis Parkplatz "Hergesbachtal", rechts von der L 3400.

Rückfahrt: Wie Anfahrt.

Parkmöglichkeiten: Parkplatz "Hergesbachtal".

Streckenlänge: Unser Vorschlag ca. 8 km ab Parkplatz.

Markierung: 15 gelb im gelben Kreis.

Einkehrmöglichkeiten: Helsa.

Anmerkungen: Die Nichtmotorisierten müssen von Helsa aus den Parkplatz "Hergesbachtal" über die L 3400 Richtung Friedrichsbrück anlaufen. Eine weitere Möglichkeit: Ab Helsa der Markierung H 2 folgen über Sportplatzweg, Helsaer Blick; sie ist mit 15 gelb ab Helsaer Blick identisch. Mehrkilometer: ca. 2 km. Die Wege sind alle gut begehbar und führen fast nur durch den Wald.

Route 45: Rundwanderung

Im Kaufunger Wald nach Roßbach

Von Freunden wurden wir auf diese Tour aufmerksam gemacht. Wir folgten ihren Spuren und stellten fest: Das ist etwas für unsere Wanderfans. Also machen Sie sich auf nach Roßbach oder, wenn Sie wollen, nach Kleinalmerode.

Wegbeschreibung:
Kurz vor der Kirche führt von der Berliner Straße eine schmale Straße nach Oberroßbach, der wir bis dorthin durch das Mittelbachtal an einer Wassertretstelle - rechts von der Straße - folgen (Markierung Ro 2 bzw. Bi=Bilstein). Hinter dem kleinen Ort erreichen wir schließlich den Wald, an dessen Anfang ein kleiner Parkplatz liegt. Wir queren diesen, umgehen die Schranke und kommen zu einem Wegekreuz. Hier müssen wir nach rechts - RO 2 -, wandern am Berghang entlang, umwandern ein Talende, dann das des Berksbaches und steigen in einem Rechtsschwenk im Wald am Hang wieder ein Stück hoch. Nach ca. 4 km weist die Markierung nach rechts den Weg über eine Schneise am Hang des Berksbaches, den geraden Weg am Sportplatz vorbei, zurück nach Roßbach.

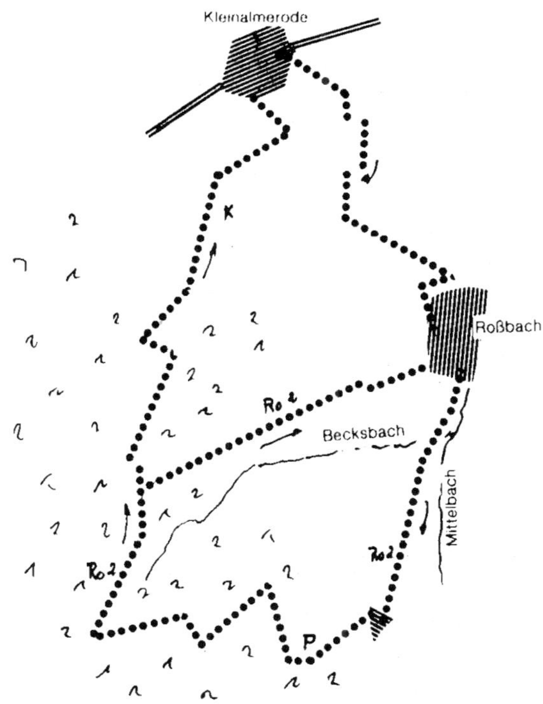

Variante ab Kleinalmerode:
Vor der "Linden-Gaststätte" (Dorfgemeinschaftshaus) befindet sich ein Parkplatz. Wir gehen ein paar Schritte zurück, biegen hinter der Gaststätte nach links in die Ledergasse ein, erreichen die Straße "Rösebach" und wandern nach rechts an der Wassertretstelle - rechts - vorbei auf dem Kesstieg hinüber nach Roßbach. Dort vertrauen wir uns

der Markierung Ro 2 an - s. oben -, schwenken aber dort, wo die lange Schneise nach rechts beginnt, nach links ab und kommen so zu der querlaufenden Markierung "K weiß", der wir nach rechts - "Bilsteinweg" - zurück nach Kleinalmerode folgen. Insgesamt ca. 15 km.

Wissenswertes:

Kaufunger Wald: So wird jener Gebirgszug bezeichnet, der den Winkel zwischen der unteren Fulda von Kassel bis Hann. Münden und der unteren Werra von Witzenhausen bis Hann. Münden ausfüllt. Der Scheitel verläuft von Nordwesten nach Südosten, vom Steinberg (452 m) über die Häringsnase (503 m) und den Haferberg (581 m) über die Hausfirste (604 m) bis zum Bilstein bei Großalmerode (642 m). Durch den Kaufunger Wald führten einst wichtige Handelswege. Die Witzenhäuser Straße kam von Wolfsanger herauf, wo sich eine Fuldafurt befand, zum Mühlenberg (beim Sensenstein) und verlief dann auf dem heutigen Kasseler Weg bis zum Bilstein, wo sie nach Norden abbog, um Witzenhausen und das Werratal zu erreichen. Noch weiter nördlich schlängelte sich von der Fulda herkommend, die etwas südlich von Hann. Münden überschritten wurde, ein anderer Höhenweg durch den Kaufunger Wald hin zum Bilstein. Die mittelalterlichen Handelswege waren fast ausschließlich Höhenwege (s.a. Rennsteig). Der Grund: Im meist dicht bewaldeten Tal flossen ja die Bäche, die besonders nach starken Regenfällen, aber auch bei Schneeschmelze, nur allzu oft die Talauen überschwemmten.

Kleinalmerode: 1228 Almerod genannt. In einem Zechsteingebiet gelegen. Kirche - im Kern gotisch nach Zerstörung 1626 wieder aufgebaut, 1760 erweitert, 1836 erneuert, an der Chorsüdseite spätgotische Wandmalereien 1954 freigelegt: hl. Christophorus, Flußwasser durch Tier- und Menschengestalten belebt.

Roßbach: 1283 Rospach. Kirche - 1743 von Giovanni Ghezzy, Saalbau, verschindelter Dachturm. Die Ecken innen abgerundet zum längsovalen Innenraum, Orgel 1857.

Tips vom Start bis zum Ziel

Ausgangsort: Roßbach.
Anfahrt: Nichtmotorisierte - mit der DB bis Witzenhausen Kursbuch Nr. 600, dann Bus, Kursbuch Nr. 5207. Motorisierte - über Heiligenrode, Nieste, Kleinalmerode, danach rechts nach Roßbach.
Rückfahrt: Wie Hinfahrt.
Parkmöglichkeiten: In Roßbach, Berliner Straße, oder vor der Post (Nähe Kirche).
Streckenlänge: ca. 7 km.
Markierung: Ro 2 gelb.
Einkehrmöglichkeiten: In Roßbach, Kleinalmerode.
Anmerkungen: Leider gibt es sonntags keinen Busverkehr nach Roßbach. Unter "Wegbeschreibung" machen wir einen weiteren Vorschlag - Ausgangsort: Kleinalmerode. Leider sind von dort die Markierungsschilder hinüber nach Roßbach sehr spärlich und nicht gerade in allerbestem Zustand. In diesem Falle empfiehlt es sich, eine Karte mitzunehmen.

Die Fulda bei Fuldabrück-Dennhausen (oben) und Guxhagen-Büchenwerra (unten).

Die Orangerie in Kassel (oben). Das Stift in Kaufungen (unten).

Die Bartenwetzerbrücke in Melsungen (oben). Blick von der Burg in Homberg (unten).

Schloß Berlepsch bei Witzenhausen (oben). An der Werra in Witzenhausen (unten).

Route 46: Streckenwanderung

Auf dem Grenzstein-Wanderpfad

Diesmal wird´s historisch! Wir schlagen Ihnen hier einen Grenzstein-Wanderweg vor, den sicherlich nicht viele kennen werden. Machen Sie sich also auf, suchen und finden Sie die Steine. Mit ein bißchen Orientierungssinn und einer Wanderkarte gelingt´s Ihnen bestimmt.

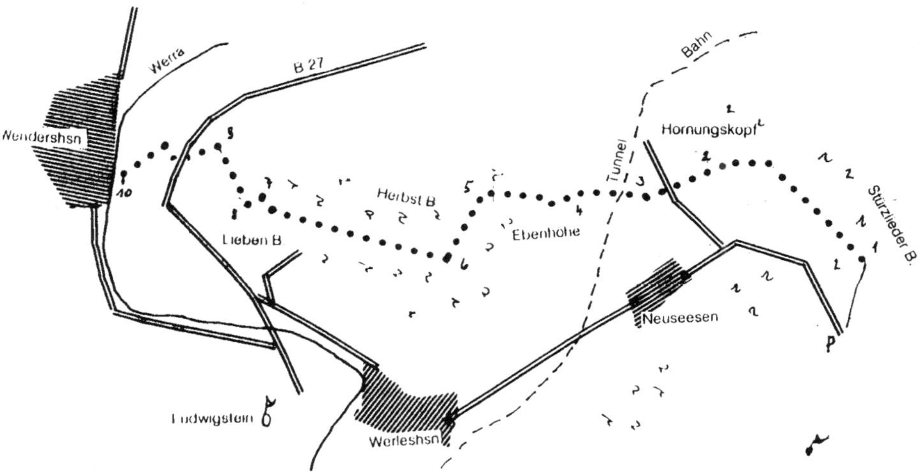

Wegbeschreibung:

Die Wegbeschreibung ist diesmal zugleich eine Beschreibung der einzelnen Steine, die zu sehen sind. Wir halten uns dabei an die Beschreibungen des Werratalvereins. Von Neuseesen aus gehen wir, den Ort durchquerend, in Richtung Thüringen am Bach aufwärts bis zu dem ehemaligen Parkplatz an der Grenze unterhalb des Stürzlieder Berges (343 m), wandern an der Grenze nach links. Bald finden wir einen nach links abzweigenden deutlich sichtbaren Pfad, der steil bergan führt (Pfeil). So kommen wir zum Ausgangspunkt unserer Grenzsteinwanderung: 1. Stein 106 - auf der Südwestseite ein undeutliches Wappen, 3 Halbmonde (vielleicht Hansteinwappen) erkennbar. Stein 104, 91, 90, 85 - auf der Südseite Speichen Mainzer Rad, Krone mit Kurhut erkennbar. Stein 90 - auf der Nordseite, Stein 80, 77, 75 und 62 Westseite HC (Hessen-Cassel) erkennbar. 2. Stein 73 am Hornungskopf (272 m), danach überquert der Pfad die Straße Neuseesen/Unterrieden. 3. Stein 68 - Pfad führt in westlicher Richtung über Stein 67 zu 66, knickt dann im stumpfen Winkel bei 65 in südlicher Richtung ab. 4. Stein 61 - Pfad führt nun entlang eines ausgebauten Weges bis Stein 57 und dann waldeinwärts bis Stein 49. 5. Stein 49 - hier knickt der Pfad im rechten Winkel nach Osten ab und bei Stein 48 wiederum im rechten Winkel nach Süden. 6. Bei Stein 44 biegt der Pfad im rechten Winkel nach Osten, bei 43 erneut im rechten Winkel nach Süden. 7. Stein

22 - Pfad biegt im rechten Winkel in südliche Richtung und verläuft entlang eines Weges. 8. Stein 21 - unterhalb des Lieben-Berges-Pfad entlang zur B 27 bergab führenden Heckenreihe (Steine 20-14), Standorte jeweils in den Hecken. 9. Der Stein 13 liegt direkt an der B 27 und 10. der Stein 1 unmittelbar am Werraufer.

Wissenswertes:

Neuseesen: Das Dorf lag früher im Kreis Heiligenstadt. Der Grenzstein-Wanderpfad zeigt Grenzsteine der im Jahre 1836 festgelegten Grenze zwischen dem Königreich Preußen (KP) und dem Kurfürstentum Hessen (KH). Vielfach stehen neben diesen Grenzsteinen unbehauene, kantige Steine, die mit einer Spitze aus dem Erdboden herausragen. Sie wurden vermutlich schon im 10. Jh. gesetzt.

Wendershausen: 1271 Wengenhusen, 1298 Wengershusen. Kirche - 1642 abgebrannt, unter Verwendung mittelalterlichen Mauerwerks 1739/40 wieder aufgebaut.

Witzenhausen: An einer Werrafurt und Fähre der "Berliner Straße"; um 743 vom Hessenbischof Witta von der Büraburg (b. Fritzlar) angelegter befestigter Hof an der Sachsengrenze. Der spätere fränkische Salhof im Burggelände westl. der Stadtkirche gehörte zur Curtis (lat. Pfalz) Ermschwerd und war wohl Reichslehen Heinrichs d. Löwen (Herzog v. Sachsen, 1142, Herzog v. Bayern 1156-1180; 1. Gemahlin Clementina v. Zähringen, 2. Gemahlin Mathilde v. England). Ort seit 1180 bei Thüringen-Hessen. 1225 Erhebung zum Markt, 1232 zerstört durch Mainz und Wiederaufbau. Landgraf Heinrich I. bestätigte ihr fränkisches Recht. 1479 Großbrand. Von 1627-1834 zur Rotenburger Quart, 1809 erneuter Stadtbrand (240 Häuser und das Rathaus vernichtet). Kirche - mehrere Bauabschnitte; Westturm-Unterbau spätromanisch (wohl 1225 begonnen), Oberbau früh- und hochgotisch (13. u. 14. Jh.); Türmerstube mit umlaufender Galerie und Laternenhaube 1747, Westportal 1725. Von der spätromanischen Basilika Reste an der Turmostwand, Chor 1404 vollendet. Als Emporenkirche begonnen, weitergebaut als dreischiffige Halle mit überhöhtem Mittelschiff. Im Innern mehrere Epitaphien und Grabmale. Ehem. Wilhelmitenkloster 1291 anstelle eines Zisterzienserinnenklosters gegründet, 1528 aufgehoben, dann Domäne. Seit 1898 Kolonialschule, heute Zweig der Gesamthochschule Kassel. Rathaus - anstelle eines gotischen Baus mit Fachwerkobergeschoß (14.-15. Jh.) unter teilweiser Verwendung gotischen Mauerwerks 1589-90 als Renaissance-Steinbau errichtet, 1809 ausgebrannt und 1819 in klassizistischen Formen wieder hergestellt. In der Stadt schöne Fachwerkbauten des 16.-18. Jh.

Tips vom Start bis zum Ziel

Ausgangsort: Neuseesen, Stadtteil v. Witzenhausen.
Anfahrt: Für Motorisierte - BAB A 7 bis Ausfahrt Werratal, B 80 bis hinter Witzenhausen, dann B 7 nach rechts über Werleshausen nach Neuseesen. Nichtmotorisierte - Bahn bis Witzenhausen, Kursbuch Nr. 600, dann Bus, Kursbuch Nr. 5204 bis Neuseesen.
Rückfahrt: Für Motorisierte wie Anfahrt. Für Nichtmotorisierte - ab Wendershausen mit Bus bis Witzenhausen, Kursbuch Nr. 5204, ab Witzenhausen Kursbuch Nr. 600.
Parkmöglichkeiten: Hinter Neuseesen an der Straße nach Bornhagen direkt an der ehem. deutsch-deutschen Grenze (ehem. Grenzparkplatz).
Streckenlänge: ca. 6 km.
Markierungen: Weisungsstriche auf der Oberseite und Numerierung der Steine.
Einkehrmöglichkeiten: Neuseesen, Wendershausen.
Anmerkungen: Ein bißchen findig muß man schon sein. Empfehlenswert die Topographische Karte Meißner - Kaufunger Wald, 1:50000. Auf ihr findet man den Pfad. Beim Werratalverein in Witzenhausen bzw. im dortigen Verkehrsamt (Rathaus) erhält man einen kleinen Prospekt über den Wanderpfad.

Route 47: Rundwanderung

Von Bringhausen am Edersee entlang

Wegbeschreibung:
Von dem kleinen Parkplatz an der Kirche aus nehmen wir die Fünfseenblickstraße unter die Füße (Markierung rechts an einem Pfahl). So kommen wir zum Wald hin, an dessen Rand wir nach rechts hin weiter müssen. neue Markierung (das weiße E), der wir geradeaus am See entlang folgen.
Wir müssen dann bald wieder durch ein Gatter und folgen schließlich nach rechts an der Kreuzung der Straße „Am Knippenberg“

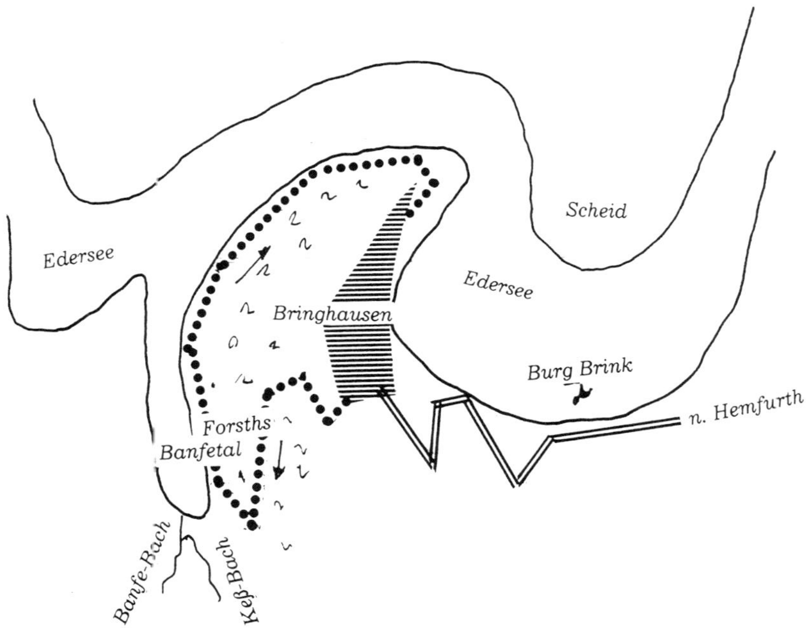

Auf der querlaufenden Forststraße, die folgt, biegen wir nach links ab, durchschreiten das Gatter, erreichen einen Holzplatz, an dessen Wegdreieck wir nach rechts - Schotterweg - weiter bergab wandern.
Unten finden wir links eine Hütte, schwenken vor dem Wasserwerk nach rechts ab und marschieren am links gelegenen Forsthaus Banfetal vorbei bis zu einem idyllischen Teich mit Wehr. Hier nun finden wir unsere bergan. Oben dann vertrauen wir uns der Wochenendstraße an, die uns sicher wieder zurück zu unserem Auto bzw. zur Bringhäuser Kirche führt.

Wissenwertes:
Burg Brink: (sieht man bei der Anfahrt rechts im Edersee liegen); heute Liebesinsel genannt, Reste der Burg aus dem 12. Jh., In-

haber die Ritter von Bruninghusen; bis 1494 mainzisch, dann an Waldeck.

Waldeck: Als Besitzer der Burg wird 1120 ein Bernhardus de Waldekke genannt. Bereits vor 1180 kam sie, vermutlich aus ziegenhainischen Besitz, an die Grafen von Schwalenberg, die sich seit 1189 v. Waldeck nannten. Adolf I. (1249-1300) baute die Burg Mitte des 13. Jh. aus. Seit der Teilung des Waldecker Grafenhauses 1397 in die Waldecker und Landauer Linie, beherbergte die Burg das Samtarchiv, bis es im siebenjährigen Krieg (1761) nach Arolsen geschafft wurde. 1500 begann man mit dem Bau des heutigen Hauptflügels (Renaissance). 1621-24 wird die Burg noch stärker befestigt. Seit 1500 gehörte das Schloß den beiden Linien, Wildungen und Eisenberg, als Gesamtbesitz. Der nördliche Flügel, Hauptflügel, diente der Wildunger Linie, die seit 1607 die Burg allein besaß, bis 1665 als Residenz. Die Eisenberger Linie bewohnte den älteren südlichen Flügel, der 1734 aber abgebrochen wurde. Zur gleichen Zeit errichtete man den Westflügel und baute die Burg zum Landeszuchthaus aus.

Im siebenjährigen Krieg (1760) besetzen die Franzosen die Burg und 1762 nehmen die mit Preußen verbündeten Engländer die Burg ein, 1854 fand die letzte Hinrichtung im Lande Waldeck im Burggraben statt. 1906 wird der Hotelbetrieb eröffnet.

Die Siedlung entstand im 13. Jh. (ihr erster Name Rode, später dann Waldeck).

Bringhausen: Erste Erwähnung 1196. Das Dorf wurde 1912-14 beim Bau der Edertalsperre abgebrochen und auf halber Höhe wieder errichtet.

Kirche - 1726 von Julius Ludwig Rothweil erbaut. 1914 an die heutige Stelle versetzt. Bescheidener Saalbau. Über dem Altar auf vier Palmensäulen die Kanzel in pyramidenförmigem Aufbau aus 1726. Kruzifix, Holz, um 1400; Gestühl mit flachgeschnitztem Rollwerk, Anfang 17. Jh.

Forsthaus Banfetal: Auch Fischhaus Banfetal genannt. 1243 wird der Bach als Banephe bezeichnet. Noch 1346 stand hier ein einzelner Hof.

Hemfurth: 1298 Hanevorde genannt. Kirche 1844-47, spätklassizistischer Saalbau mit Eckpilastern; teilweise eingestellter Frontturm mit Spitzhelm; im Innern Kassettendekke; Westempore mit Orgel aus der Bauzeit. Kanzel hinterm Altar. 1,5 km nordwestlich im Bericher Holz ein Wildpark mit Rot-, Dam-, Schwarz-, Muffelwild und Steinbökken.

Tips vom Start bis zum Ziel

Ausgangsort: Bringhausen am Edersee.
Anfahrt: Nichtmotorisierte - mit der DB bis Wabern, Kursbuch Nr. 620, dann Kursbuch Nr. 621 bis Bad Wildungen, danach Bus bis Bringhausen, Kursbuch Nr. 5321. Motorisierte - B 520 bis Balhorn, dann über Naumburg, Netze, Affoldern nach Hemfurth, dort über die Brücke nach Bringhausen.
Rückfahrt: Wie Anfahrt. Motorisierte evtl. über Waldeck.
Parkmöglichkeiten: Kleiner Parkplatz vor der Bringhäuser Kirche.
Markierungen: Zuerst □ dann E weiß.
Streckenlänge: ca. 8 km.
Einkehrmöglichkeiten: Bringhausen
Anmerkungen: Markierungen und Wege sind alle gut. Verlaufen kaum möglich. Empfehlenswert die amtl. Wanderkarte „Waldeck am Edersee", 1:25.000.

Route 48: Streckenwanderung

Auf den Spuren des Hl. Bonifatius

Auch bei dieser Wanderung sind wir, außer in den Ortschaften, kaum einem anderen Menschen begegnet. Dafür haben wir den Gesang der Vögel genossen, der leider ab und an vom Getöse eines Hubschraubers vom nahen Fritzlar gestört wurde. Bei schönem Wetter ist die Tour ein reines Vergnügen.

Wegbeschreibung:
Von der Züschener Kirche aus gehen wir dem ▲ folgend, über die Elbebrücke und biegen danach nach links in den Zäuneweg. Auf einer asphaltierten Feldstraße wandern wir an Fischteichen - links - vorbei leicht bergan, müssen dann an einer Kreuzung nach rechts, vor einem Schuppen nach links und spazieren durch die Felder und Wiesen, später auf einem Feldweg, zum Wald hin. Im Wald zeigt uns unsere Markierung nach halb links den weiteren Weg. Bald aber verlassen wir das ▲ und biegen nach links -V12- hin zur Johanniskirche bzw. deren Reste ab. Nun wandern wir bergab, schwenken an der Schonung nach rechts und kommen auf schmalem Pfad am Zaun entlang zu einer Forststraße, auf der wir nach links hin einen Rastplatz mit Tisch und Bänken erreichen. Die Markierung X12 leitet uns weiter zum Waldende, danach am Wald entlang durch Wiesen hinab zu einer etwas versteckt liegenden Grillhütte, wo wir nach links weiter müssen. Schließlich kommen wir durch die Felder über die Elbe - rechts die Mahl-Mühle - nach Geismar. Die L 3214 führt uns nach rechts weiter bis zur Verdistraße, auf die wir nun nach links im spitzen Winkel einbiegen. Ab hier vertrauen wir uns dem V an. Bergauf marschieren wir durch die Felder immer geradeaus - weder nach rechts hinauf, noch nach links hinab; das V findet sich auch oft nur auf einem Stein! Am Hang des Hohe

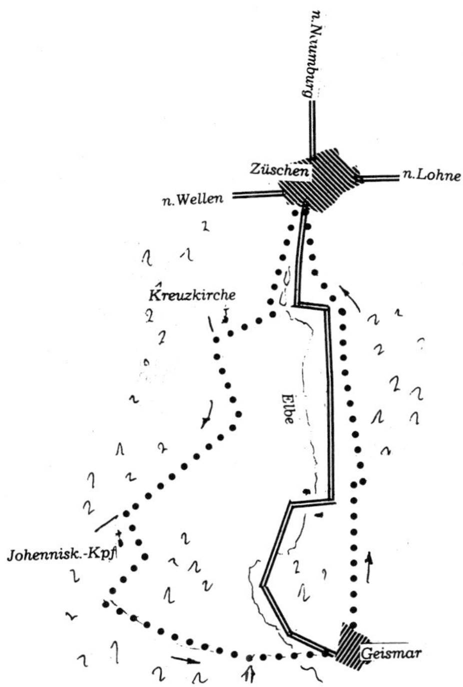

Bergs auf schmalem Pfad, die Landstraße Züschen-Geismar streifend, gelangen wir zurück nach Züschen und unserem „automobilen Gefährt“.

Wissenswertes
Züschen: 740 Tuischinun genannt. Man leitet den Namen von Ziu (germanischer Gott mit einer eigenen Rune) ab. 1237 wird ein Ortsadel erwähnt. 1308 ist der Ort Stadt. Von

1433-1810 von den Waldecker Grafen den Herren v. Meysenbug zu Lehen gegeben. Deren Gutshof an der Südostecke der Stadtbefestigung. Schloß ist ein schlichtes Herrenhaus des 16. Jhs. mit zweigeschossigem Erker, 1862 erweitert und verändert. Schloß Garvensburg - historisierender Bau von 1894-98 für Wilhelm v. Garvens-Garvensburg. An der Ostseite vier Wappentafeln v. Meysenbug 1560-1600. Jetzt Gaststätte. Kirche - Unregelmäßiger, trapezförmiger Bau mit Westturm, Westwand mit Portal (jetzt innen) und Südwand von einer 1357 erbauten gotischen Kapelle, sonst Neubau 1604-09; im Osten zwei achteckige Treppentürme, Renaissanceportale, Turmhaube 1726; Sandsteinkanzel 1611; Epitaph Joh. v. Meysenbug (gest. 1693). Elbebrücke - 1747, zwei Steinbögen mit Wappen und Inschriftsteinen. Teile der ehem. Stadtbefestigung mit zwei Rundtürmen erhalten.

Ruine der Kreuzkirche: Sie liegt rechts von unserem Wege, noch bevor wir in den Wald kommen; erhalten: Reste des Chores mit Wandpfeiler und Sakramentsnische aus dem 14. Jh.

Johanniskirche: Auf dem Johanniskirchenkopf gelegen. Hier lag einst das Dorf Hain (1332 = Hayn). 1564 sprach man von der Hainkirche, später dann Johanniskirche. Ausgrabungen 1905 und 1937. Gedenksteinschrift: „Ruhestätte der 1905 bei der Johanniskirche gefundenen menschlichen Überreste". Die hier gepflanzte Donareiche steht am falschen Ort. Sie, die 723 von Bonifatius gefällt wurde, stand einst an der Stelle des Fritzlarer Domes.

Geismar: 722 Gaesemre genannt, abgeleitet von gisan = Quellen. Kirche - auf einer Anhöhe in einem Wehrkirchhof mit Schlüsselschießscharten und Rundtürmen an den Ecken. Neubau 1743-44, Saalbau, Ostturm mit gebrochener Spitzhaube. Südlich von Geismar fand man 1973-80 bei Grabungen Reste einer über tausendjährigen Besiedlung u.a. Gewandfibeln, Bruchstücke von Terra-Sigillata-Gefäßen, Babyrasseln und Spielwürfeln sowie unzählige Gefäßscherben.

Gesundbrunnen: Liegt unten im Tal an der Straße Geismar/Züschen; sogen. Donarquelle, bis ins Mittelalter galt sie als heilig; achteckiges Brunnenhäuschen in verputztem Fachwerk, 1780. Der Brunnen gehörte dem Landgrafen, 1906 Verkauf an Waldeck.

Tips vom Start bis zum Ziel

Ausgangsort: Züschen.
Anfahrt: Nichtmotorisierte - mit der Bahn bis Fritzlar, Kursbuch Nr. 621, dann Bus bis Züschen, Kursbuch Nr. 5254. Motorisierte - B 520 über Schauenburg bis B 450, auf der nach links an Bad Emstal vorbei bis Lohne, hier nach rechts nach Züschen.
Rückfahrt: Wie Anfahrt.
Parkmöglichkeiten: In Züschen „An der Stadtkirche" - hinter der Kirche.
Markierungen: Zuerst ▲ dann X 12 bis Geismar, schließlich V.
Streckenlänge: ca. 14 km.
Einkehrmöglichkeiten: Züschen, Geismar.
Anmerkungen: Empfehlenswert die Grothus Karte „Umgebungskarte Kassel", 1:50.000.

Route 49: Rundwanderung

Vom Herkules zum Hohlestein

An Wochentagen ist selbst im so nahen Habichtswald nichts los. Dafür allerdings wird´s am Wochenende ziemlich „voll". Unser Rat daher: Machen Sie diese Wanderung zur Wochenmitte. Die Aussicht vom Hohlestein ist bei schönem Wetter großartig.

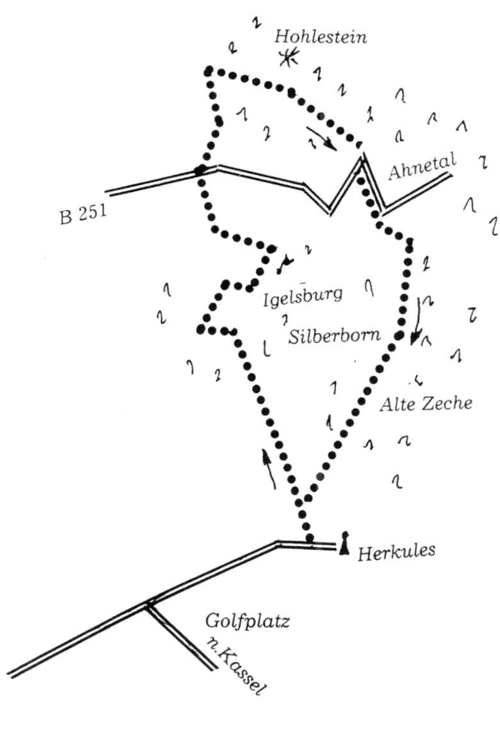

Wegbeschreibung:
Vom Parkplatz am Herkules aus folgen wir erst einmal der Markierung X 13. Sie führt uns durch eine Allee hin zu einem Weidegatter, das wir nach links hin durchschreiten. Über Weiden wandern wir X 13 und C weiß - hinunter zur Ahne, die wir auf dem Conrad-Henkel-Steg queren. Weiter geht´s an Weiden entlang zum Wald hin. Wir überschreiten eine Forststraße und biegen auf die nächste nach links ein. Von einer prachtvollen Kastanienallee schwenken wir später - Markierung II weiß - nach rechts (nicht geradeaus zur Kaiserbuche!) und wandern dann nach rechts Richtung Igelsburg, die wir aber links liegen lassen. Am Waldrand müssen wir nach links weiter, marschieren an der ehemaligen Burgstelle „Igels- (Engels-)burg vorbei und folgen dann dem II nach links auf einen Wiesenweg, der bald nach rechts auf einen asphaltierten Weg leitet, der uns hinüber zur B 251 (Kassel-Dörnberg) bringt, die wir queren. Durch Felder in einem Linksschwenk folgen wir dem II weiß bis wir am Waldrand auf die querlaufende Markierung F weiß stoßen. Ihr folgen wir nach rechts bis zur Hütte unterhalb des Hohlesteins. Nach Rast und evtl. Besteigen des Basaltfelsens vertrauen wir uns weiterhin dem F an, das uns hinab zur B 251 bringt. Auf einem Fußpfad jenseits der Bundesstraße erreichen wir das Gasthaus „Ahnetal", wo wir ein kleines Stück auf der B 251 gehen müssen, um dann nach rechts die Bundesstraße hinter uns zu lassen. Dem F weiter nachmarschierend treffen wir nach ca. 1 km auf die Markierung B weiß, der wir nach rechts hin - asphaltierte Straße - zum Silberborn (Hütte) folgen. An einem Schießstand - links - und später der ehemali-

gen Zeche Herkules - links, jetzt Rastplatz - vorbei führt uns das B an Weiden entlang wieder zurück zum Parkplatz am Herkules.

Wissenswertes:
Herkules: Riesenschloß (Oktogon) auf dem 530 m hohen Karlsberg; ursprünglicher Name Winterkasten, zu Ehren des Landgrafen Carl (1670-1730) umbenannt; vor allem zwischen 1708-11 unter Landgraf Carl durch den italienischen Baumeister Francesco Giovanni Guerniero errichtet. Unterbau mit Grotten, Toren und Treppen, darüber ein riesiger Umgang, mit Kreuzgewölben überdeckt, über diesen eine von gekuppelten Pfeilern getragene Bogenstellung, auf deren Tonnengewölbe die Plattform ruht. Auf der Vorderseite steinerne Pyramide mit dem Kupferstandbild des farnesischen Herkules (Herakles Farnese in den Caracalle-Thermen zu Rom gefunden; jetzt im Museo Nazionale, Neapel), das 1713-17 von dem aus Augsburg stammenden Goldschmied Johann Jakob Anthoni geschaffen wurde, der in der Werkstatt des jungen Kasseler Meisters Küper arbeitete. Höhe des Oktogons ohne Figur 33 m, der Pyramide 30 m, des Standbildes 9,25 m. In der Keule des Herkules finden sechs Personen Platz. Vom Oktogon ziehen sich in einer 250 m langen und 12 m breiten Riesentreppe die Kaskaden hinab, die 1704-08 Guerniero anlegte.
Conrad-Henkel-Stein: Benannt nach dem 1961 verstorbenen Wanderwart des HWGV.
Igelsburg: Alter Name Engelsburg. Reste einer frühgeschichtlichen Befestigung und einer Burganlage der Freiherren von Dörnberg, 1571/72 und 1668 genannt; Funde einer mittelalterlichen Töpferei (12./14. Jh.)
Hohlestein: Basaltblock westlich des Dörnbergs; Alter und Funktion der Anlage sind ungewiß. Ausgrabungen haben nicht stattgefunden. Vermutet wird ein vorgeschichtliches umhegtes Naturheiligtum. Gefunden wurden ein Bronzering und Gefäßscherben, wohl aus der Laténe-Zeit. Um den Fels Befestigungsreste.
Alte Zeche Herkules: Hier wurde Braunkohle zwischen 1866-1973 abgebaut. Heute Rastplatz für Wanderer.

Tips vom Start bis zum Ziel

Ausgangsort: Parkplatz am Herkules, Kassel
Anfahrt: Nichtmotorisierte - Bus Linie 43. Motorisierte - Druseltalstraße-Ehlener Kreuz-Herkules.
Rückfahrt: wie Anfahrt.
Parkmöglichkeiten: Parkplätze am Herkules.
Markierungen: Zuerst X 13, dann II weiß bis westlich vom Hohlestein, F weiß bis hinter das Gasthaus „Ahnatal“, schließlich B weiß zurück zum Herkules.
Streckenlänge: ca. 14 km.
Einkehrmöglichkeiten: Am Herkules, Igelsburg, Gasthaus „Ahnetal“.
Anmerkungen: Die Wege sind fast alle gut begehbar, führen anfangs allerdings über Weiden, wo es nach Regen etwas matschig sein kann. Empfehlenswert die Grothus Karte „Umgebungskarte Kassel“, 1:50.000.

Route 50: Rundwanderweg

Rund ums 1000jährige Gudensberg

Heute wollen wir durch das hessische Kernland wandern. Es ist erstaunlich, daß Gudensberg und Maden mit dem ihnen zugefallenen Pfund sowenig wuchern. Nur wenige Orte haben einen so großartigen historischen Hintergrund.

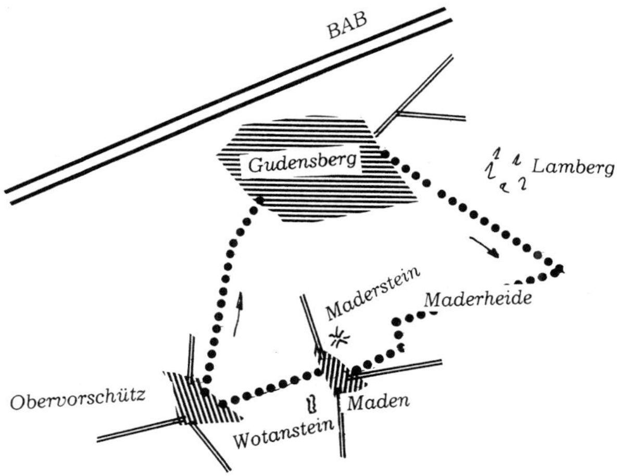

Wegbeschreibung

Vom Parkplatz an der Kreissparkasse gehen wir vor zur Kasseler Straße, biegen in diese nach rechts ein und wandern am Rathaus - rechts - vorbei (Markierung X 2) auf dieser Straße bis zum Lamsberger Weg, auf den wir nach rechts einschwenken (Schild „Grillhütte"). Hier kommen wir zum Lamsberg. Am Berghang geht´s weiter, schließlich ins freie Feld. Bald schon zweigt ein asphaltierte Feldweg nach rechts ab - Markierung ∧ , der uns geradeaus bis unterhalb des Madersteins leitet. Hier geht´s links, dann rechts weiter nach Maden hinein. Durch die Wohlgasse kommen wir zur Kirche, müssen dort nach links weiter und biegen nach rechts in die Obervorschützer Straße ein. Auf der K 10 marschieren wir zum Dorf hinaus, schauen am Dorfende uns den links - angezeigt - stehenden Wotanstein an und wandern auf der nicht vielbefahrenen Kreisstraße hinüber nach Obervorschütz. In der Dorfmitte (Blumenladen) müssen wir nach rechts und dann den Burggraben geradeaus hoch (die Markierung ▲ finden wir etwas weiter oben an einem Mast!). An der Feuerwache - links -, dem Friedhof (links) vorbei erreichen wir schließlich wieder das vor uns liegende Gudensberg beim Hallenbad.

Wissenswertes:
Gudensberg: Im 10. Jh. Wodenesberg, 1121 Udenesberg genannt. Von 1027 bis ins 12. Jh. Sitz des Wernerschen Gaugrafengeschlechts, dessen letzter, Werner IV., eine Machtstellung einnahm, wie sie seit der Aufteilung des Hessenlandes unter Otto I. und seinen Nachfolgern niemand neben den Erzbischöfen von Mainz besessen hatte. Nach dem Tode Werners IV. am 22.2.1121 fällt die Hessenherrschaft Maden mit Burg Gudensberg an den oberhessischen Grafen Giso IV., der aber bereits am 12.3.1122 stirbt. Seine Tochter Hedwig heiratete 1122 Ludwig III. v. Thüringen und brachte als Erbin den umfangreichen Besitz der Werner und Gisonen mit ein. Ludwig III. wird 1131 von Kaiser Lothar in den Landgrafenstand erhoben und nannte sich dann Ludwig I. Mit diesem „Gudensberger Erbe" konnten die thüringischen Landgrafen ihre Macht erheblich verstärken. Auf der zweigipfeligen Basaltkuppe entstand früh eine Burg. Die jüngere Linie des hessischen Grafenhauses nahm ihren Sitz auf dieser Burg. 1254 wird Gudensberg als Stadt bezeichnet. 1387 Zerstörung der Stadt. 1587 Feuersbrunst, 1640 durch Kroaten zerstört. 1806 wurde die Burg durch die Franzosen zerstört. Mauern und Türme der Stadt 1823 niedergelegt. Nur ein Rundturm zwischen beiden Burgen blieb erhalten.
Maden: Um 800 zuerst erwähnt (Mathanon in pago Hassorum).

Tips vom Start bis zum Ziel

Ausgangsort: Gudensberg.
Anfahrt: Nichtmotorisierte - mit Bus, Kursbuch 5253 oder 50 (5250). Motorisierte - BAB Nr. 49, Ausfahrt Gudensberg.
Rückfahrt: wie Anfahrt.
Parkmöglichkeiten: Parkplatz vor der Kreissparkasse an der Kasseler Straße.
Markierungen: Zuerst X2, dann ∧ und schließlich ab Obervorschütz ▲.
Streckenlänge: ca. 8 km.
Einkehrmöglichkeiten: Gudensberg, Maden, Obervorschütz.
Anmerkungen: Die Straßen sind alle asphaltiert. Vorteil: Man kann sie bei jedem Wetter begehen, ohne im Schlamm zu versinken. Empfehlenswert die Grothus Karte „Umgebungskarte Kassel", 1:50.000.

Eine Landschaft, die Sie nicht vergessen werden.

Anmut und Stille kennzeichnen viele Bereiche der Werralandschaften, aber es gibt auch sehr aufregende und abenteuerliche Abschnitte. Den Kern dieses Landschaftsführers bilden Beschreibungen von insgesamt 27 Wanderrouten im unteren Werratal von Herleshausen bis zur Mündung in die Weser bei Hann. Münden. Es sind Wege, die dem Wanderer das Eindrucksvolle, das Typische der Werralandschaft vermitteln sollen. Dabei werden besonders Aspekte der Landschaftswahrnehmung und des Naturschutzes berücksichtigt

128 Seiten, broschiert, ISBN 3-925277-56-0

Jörg Kriege Wolfgang Wette
Landschaftsführer
LEINETAL
SÜDHARZ
EICHSFELD
Abseits ausgetretener Pfade
Mit 22 ausgesuchten Wanderrouten
Wartberg Verlag